# 宋本尚書

題漢 孔安國傳

宋刻本（佚名批校）

山東人民出版社·濟南

圖書在版編目（CIP）數據

宋本尚書 /（漢）孔安國傳 .— 濟南：山東人民出版社，
2024.3
（儒典）
ISBN 978-7-209-14377-6

Ⅰ.①宋… Ⅱ.①孔… Ⅲ.①《尚書》- 注釋 Ⅳ.① K221.04

中國國家版本館 CIP 數據核字（2024）第 036011 號

項目統籌：胡長青
責任編輯：劉　晨
裝幀設計：武　斌
項目完成：文化藝術編輯室

宋本尚書
題〔漢〕孔安國傳

主管單位　山東出版傳媒股份有限公司
出版發行　山東人民出版社
出 版 人　胡長青
社　　址　濟南市市中區舜耕路517號
郵　　編　250003
電　　話　總編室（0531）82098914
　　　　　市場部（0531）82098027
網　　址　http://www.sd-book.com.cn
印　　裝　山東華立印務有限公司
經　　銷　新華書店

規　　格　16開（160mm×240mm）
印　　張　16.75
字　　數　134千字
版　　次　2024年3月第1版
印　　次　2024年3月第1次
ISBN 978-7-209-14377-6
定　　價　40.00圓

## 《儒典》選刊工作團隊

學術顧問　杜澤遜　李振聚　徐　泳

項目統籌　胡長青

責任編輯　劉　晨　劉嬌嬌　張艷艷
　　　　　呂士遠　趙　菲　劉一星

# 前　言

中國是一個文明古國、文化大國，中華文化源遠流長，博大精深。在中國歷史上影響較大的是孔子創立的儒家思想，因此整理儒家經典、注解儒家經典，爲儒家經典的現代化闡釋提供权威、典范、精粹的典籍文本，是推進中華優秀傳統文化創造性轉化、創新性發展的奠基性工作和重要任務。

中國經學史是中國學術史的核心，歷史上創造的文本方面和經解方面的輝煌成果，大量失傳了。西漢是經學的第一個興盛期，除了當時非主流的《詩經》毛傳以外，其他經師的注釋後來全部失傳了。東漢的經解衹有鄭玄、何休等少數人的著作留存下來，其餘也大都失傳了。南北朝至隋朝興盛的義疏之學，其成果僅有皇侃《論語疏》幸存於日本。五代時期精心校刻的《九經》、北宋時期國子監重刻的《九經》以及校刻的單疏本，也全部失傳。南宋國子監刻的單疏本，我國僅存《周易正義》、《爾雅疏》、《春秋公羊疏》（三十卷殘存七卷）、《春秋穀梁疏》（十二卷殘存七卷），日本保存了《尚書正義》、《毛詩正義》、《禮記正義》（七十卷殘存八卷）、《周禮疏》（日本傳抄本）、《春秋公羊疏》（日本傳抄本）、《春秋正義》（日本傳抄本）。南宋兩浙東路茶鹽司刻八行本，我國保存下來的有《周禮疏》、《禮記正義》、《春秋左傳正義》（紹興府刻）、《論語注疏解經》（二十卷殘存十卷）、《孟子注疏解經》（存臺北『故宫』），日本保存有《周易注疏》《尚書正義》（凡兩部，其中一部被清楊守敬購歸）。南宋福建刻十行本，我國僅存《春秋穀梁注疏》、《春秋左傳注疏》（六十卷，一半在大陸，一半在臺灣），日本保存有《毛詩注疏》《春秋左傳注疏》。從這些情況可以看出，經書代表性的早期注釋和早期版本國内失傳嚴重，有的僅保存在東鄰日本。

鑒於這樣的現實，一百多年來我國學術界、出版界努力搜集影印了多種珍貴版本，但是在系統性、全面性和準確性方面都還存在一定的差距。例如唐代開成石經共十二部經典，石碑在明代嘉靖年間地震中受到損害，明代萬曆初年西安府學等學校師生曾把損失的文字補刻在另外的小石上，立於唐碑之旁。近年影印出版唐石經拓本多次，都是以唐代石刻與明代補刻割裂配補的裱本爲底本。由於明代補刻采用的是唐碑的字形，這種配補本難以區分唐刻與明代補刻，不便使用，亟需單獨影印唐碑拓本。

爲把幸存於世的、具有代表性的早期經解成果以及早期經典文本收集起來，系統地影印出版，我們規劃了《儒典》編纂出版項目。

《儒典》出版後受到文化學術界廣泛關注和好評，爲了滿足廣大讀者的需求，現陸續出版平裝單行本。共收録一百十一種元典，共計三百九十七册，收録底本大體可分爲八個系列：經注本（以開成石經、宋刊本爲主。開成石經僅有經文，無注，但它是用經注本删去注文形成的）、經注附釋文本、纂圖互注本、單疏本、八行本、十行本、宋元人經注系列、明清人經注系列。

《儒典》是王志民、杜澤遜先生主編的。本次出版單行本，特請杜澤遜、李振聚、徐泳先生幫助酌定選目。特此説明。

二〇二四年二月二十八日

# 目録

# 尚書卷第一

堯典第一 古文尚書作𡂉典第一　虞書 古文作𡱒　孔氏傳

昔在帝堯聰明文思光宅天下 言聖德之遠著 將遜于位讓于虞舜 遜遁也老使攝遂禪之 作堯典 言堯可為百代常行之道

曰若稽古帝堯 若順稽考也能順考古道而行之者帝堯 曰放勳欽明文思安安 勳功欽敬也言堯放上世之功化而以敬明文思之四德安天下之當安者 允恭克讓光被四表格于上下 允信克能光充格至也既有四德又信恭能讓故其名聞充溢四外至于天地 克明俊德以親九族 能明俊德之士任用之以睦高祖玄孫之親 九族既睦平章百姓 既已也百姓百官言化九族而平和章明 百姓昭明協和萬邦 昭亦明也協合 黎民於變時雍 昭亦明也協合黎衆時是雍和 言天下衆民皆變化化上是

允恭克讓

光被四表

格于上下

聖人之心純粹精明而已欽明二字足以盡帝堯之德矣而又曰文思兼語其用也文者明之用思者欽之用

欽明即惟精惟一文思即允執厥中

文謂經緯萬化所謂文章 思意慮周密所謂其智如神

曰古文尚書作粵若 古劉敞不見古文亦謂當作越若朱子從之

叙堯之盛德

叙堯之治化 聖人治天下一則德盛之感化一則政教之推廣

文欽作 不知聖德之要

平章 協和

叙堯之用人
羲和是羲伯和伯下文
分命其仲叔
宅者定方隅以推日候景也
平秩史作便程便辯文通四
方地勢不同風氣亦異測候之
際因辯其所異程其所宜以
爲授時之節焉作訛成易皆
指地氣物土民宜之事各以其
方景辯耳自作訛成易以至分
方日星以下分時以日宵之永短
二分以永短之極至二至析因夷
隩作曆必參之民宜而爲四時
之政鳥獸之言則候之物性曆
家七十二候之法所由起也
周天之日當去三百六旬五日四分
日之一而云三百有六旬六日蓋帝
堯特舉其大綱其於周天必知
圓齊之妙四分一不足以盡天矣
故緊舉全日而中星亦通舉辰
象其間度刻則有司隨時
推之以与天合後世度不足而析
爲分分不足而又爲秒有爲九
百四十分日之二百三十五者太初
則又爲八十一分日之二十分少刻
氏王氏又爲五百八十分日之百四
十五至大衍又析一度爲三千四

俗大和

乃命羲和，欽若昊天，曆象日月星辰，敬授人時。重黎之後羲氏和氏世掌天地四時之官故堯命之使敬順昊天昊天言元氣廣大星四方中星辰日月所會曆象其分節敬記天時以授人也此舉其目下別序之

分命羲仲，宅嵎夷，曰暘谷。宅居也東表之地稱嵎夷暘明也日出於谷而天下明故稱暘谷暘谷嵎夷一也羲仲居治東方之官

寅賓出日，平秩東作。寅敬賓導秩序也歲起於東而始就耕謂之東作東方之官敬導出日平均次序東作之事以務農也

日中星鳥，以殷仲春。日中謂春分之日鳥南方朱鳥七宿殷正也春分之昏鳥星畢見以正仲春之氣節轉以推季孟則可知

厥民析，鳥獸孳尾。冬寒無事並入室處春事既起丁壯就功厥其也言其民老壯分析乳化曰孳交接曰尾

申命羲叔，宅南交。申重也南交言夏與春交舉一隅以見之此居治南方之官

平秩南訛，敬致。訛化也掌夏之官平序南方化育之事敬行其教以致其功四時同之亦舉一隅

二

宅
蔡書乙
石經作度
南交
劉氏小
傳作宅
南曰交
陳氏交
田明都
訛
史索作爲

秩
注

暘
谷

朱震統元曆析一度爲萬分歲周三百六十五二千四百四十六分七十二秒半而周天則三百六十五度二千五百七十二分二十五秒析分愈多算法當愈密久亦未嘗不差者聖人言天常寬而曆則密後世作曆當密而於天反疎蓋聖人隨時以定曆後世執曆以求天也

毨

日永星火以正仲夏永長也謂夏至之日火蒼龍之中星舉中則七星見可知以正仲夏之氣節季孟亦可知厥民因鳥獸希革因謂老弱因就在田之丁壯以助農也夏時鳥獸毛羽希少改易革改也分命和仲宅西曰昧谷昧冥也日入於谷而天下冥故曰昧谷昧谷曰西則嵎夷東可知此居治西方之官掌秋天之政也寅餞納日平秩西成餞送也日出言導日入言送因事之宜秋西方萬物成平序其政助成物也宵中星虛以殷仲秋宵夜也春言日秋言夜互相備虛玄武之中星亦言七星皆以秋分日見以正三秋厥民夷鳥獸毛毨夷平也老壯在田與夏平也毨理也毛更生整理申命和叔宅朔方曰幽都平在朔易北稱朔亦稱方言一方則三方見矣北稱幽則南稱明從可知也都謂所聚也易謂歲改易於北方平均在察其政以順天常上摠言羲和敬順昊天此分別仲叔各有所掌日短星昴以正仲冬日短冬至之日昴白虎之中亦以七星並見以正冬之一

隩 郁

厥民隩鳥獸氄毛。隩室也民改歲入此室處以辟寒鳥獸皆生耎毳細毛以自溫

帝曰咨汝羲暨和朞三百有六旬有六日以閏月定四時成歲。咨嗟暨與也匝四時曰朞一歲十二月月三十日正三百六十日除小月六爲六日是爲一歲有餘十二日未盈三歲定得一月則置閏焉以定四時之氣節成一歲之曆象

允釐百工庶績咸熙。允信釐治工官績功咸皆熙廣也言定四時成歲曆以告時授事則能信治百官衆功皆廣歎其善

帝曰疇咨若時登庸。疇誰庸用也誰能咸熙庶績順是事者將登用之

放齊曰胤子朱啓明。帝曰吁嚚訟可乎。放齊臣名胤國子爵朱名啓開也吁疑怪之辭言不忠信爲嚚又好爭訟可乎言不可

帝曰疇咨若予采。采事也復求誰能順我事者

驩兜曰都共工方鳩僝功。驩兜臣名都於歎美之辭共工官稱鳩聚僝見也歎共工能方方聚見其功

帝曰吁靜言庸違象

咨 古文並作[illegible]
有 古文作[illegible]
疇 古文並作[illegible]

帝自初載命羲和作曆授時自是無爲而天下治中年以後見子朱之不類始有興賢之意焉歷咨
咨用咸非其選蓋晚而以付舜授以天下史臣於前叙羲和授時之命以著帝堯咸熙之治於後叙朱兜共
鯀之失以起帝堯薦舜升之由

恭滔天靜謀滔漫也言共工自爲謀言起用行事而背違之貌象恭敬而心傲很若漫天言不可用帝曰咨四岳四岳即上羲和之四子分掌四岳之諸侯故稱焉湯湯洪水方割湯湯流貌洪大割害也言大水方方爲害蕩蕩懷山襄陵浩浩滔天蕩蕩言水奔突有所滌除懷包襄上也包山上陵浩浩盛大若漫天下民其咨有能俾乂俾使乂治也言民咨嗟憂愁病水困若故問四岳有能治者將使之僉曰於鯀哉僉皆也鯀崇伯之名朝臣舉之帝曰吁咈哉方命圮族凡言吁者皆非帝意咈戾圮毀族類也言鯀性很戾好比方名命而行事輒毀敗善類岳曰异哉試可乃已异已已退也言餘人盡已唯鯀可試無成乃退帝曰往欽哉勑鯀往治水命使敬其事堯知其性很戾圮族未明其所能而據衆言可試故遂用之九載績用弗成載年也三考九年功用不成則放退之帝曰咨四岳朕在位七十載堯年十六以唐侯升君

滔天二字疑下文衍

已异 巽

古文並作亞後同

虞國名也按國語謂虞幕能聽協風以成樂物生与夏禹商契周弃並稱而左氏曰自幕至于瞽叟無違命舜重之以明德則虞自幕始封有國以至瞽叟舜爲嫡長父母弟惡之鰥之欲奪嫡不舜盡孝友之道故烝乂而不格姦焉

于在位七十年則時年八十六老將求代汝能庸命巽朕位巽順也言岳能用帝命故欲使順行帝位之事岳曰否德忝帝位否不忝辱也辭不堪曰明明揚側陋堯知子不肖有禪位之志故明舉明人在側陋者廣求賢也師錫帝曰有鰥在下曰虞舜師衆錫與也無妻曰鰥虞氏舜名在下民之中衆臣知舜聖賢恥已不若故不舉乃不獲已而言之帝曰俞予聞如何俞然也然其所舉言我亦聞之其德行如何岳曰瞽子父頑母嚚象傲無目曰瞽舜父有目不能分别好惡故時人謂之瞽配字曰瞍瞍無目之稱心不則德義之經爲頑象舜弟之字傲慢不友言並惡克諧以孝烝烝乂不格姦諧和烝進也言能以至孝和諧頑嚚昏傲使進進以善自治不至於姦惡帝曰我其試哉言欲試舜觀其行迹女于時觀厥刑于二女女妻刑法也堯於是以二女妻舜觀其法度接二女以治家觀治國釐降二女于嬀汭嬪于

曰粵
自粵若至以位二十八字㝷
後出
徽庸 司徒 百揆
舉察
治水 大禁從 史記及 蘇氏

虞降下嬪婦也舜爲匹夫能以義理下帝女之心於所居嬀水之汭使行婦道於虞氏帝曰欽哉歎舜能修己行敬以安人則其所能者大矣

## 舜典第二舜典所紀攝位即位舉政慮倫不止歷試序說非 虞書

孔氏傳

虞舜側微爲庶人故微賤堯聞之聰明將使嗣位歷試諸難嗣繼也試以治民之難事作舜典舜典典之義與堯同曰若稽古帝舜亦言其順考古道而行之曰重華協于帝華謂文德言其光文重合於堯俱聖明濬哲文明溫恭允塞濬深哲智也舜有深智文明溫恭之德信充塞上下玄德升聞乃命以位玄謂幽潛潛行道德升聞天朝遂見徵用愼徽五典五典克從徽美也五典五常之教父義母慈兄友弟恭子孝舜愼美篤行斯道舉八元使布之於四方五教能從無違命納于百揆百揆時敘揆度也度百事總百官納舜於此官舜舉八凱使揆度

賓四門 是引見 諸侯接

讓德弗嗣之下必有再命王文憲謂論語引堯曰咨爾舜天之歷數在爾躬允執其中四海困窮天祿永終當在此

事百事時敘無廢事業賓于四門四門穆穆穆穆美也四門四方之門舜流四凶族四方諸侯來朝者舜賓迎之皆有美德無凶人納于大麓烈風雷雨弗迷麓錄也納舜使大錄萬機之政陰陽和風雨時各以其節不有迷錯愆伏明舜之德合於天帝曰格汝舜詢事考言乃言底可績三載汝陟帝位格來詢謀乃汝底致陟升也堯呼舜曰來汝所謀事我考汝言汝言致可以立功三年矣三載考績故命使升帝位將禪之舜讓于德弗嗣辭讓於德不堪不能嗣成帝位正月上日受終于文祖上日朔日也終謂堯終帝位之事文祖者堯文德之祖廟在璿璣玉衡以齊七政在察也璿美玉璣衡王者正天文之器可運轉者七政日月五星各異政舜察天文齊七政以審己當天心與否肆類于上帝堯不聽舜讓使之攝位舜察天文考齊七政而當天心故行其事肆遂也類謂攝位事類遂以攝告天及五帝禋于六宗精意以享謂之禋宗尊也

天下士考察 退 傳有流 凶族竄 凶人之說

八

二典
放勳—｜—欽明文思—安安允恭克讓—光被四表格于上下—克明止時雍 君道 治化之序
切同 德同 又各以氣象形容
重華—協于帝—濬哲文明溫恭允塞—玄德升聞乃命以位—慎徽止弗迷 臣道 徵庸之序

濬哲文明由体以達用循堯之文明此以精明言溫恭允塞因外以推內循堯之欽思允克此以純粹言也

攝位 曆象 朝覲 巡守

所尊祭者其祀有六謂四時也寒暑也日也月也星也水旱也祭亦以攝告望于山川，徧于羣神。九州名山大川五岳四瀆之屬皆一時望祭之羣神謂丘陵墳衍古之聖賢皆祭之輯五瑞。既月乃日覲四岳羣牧，班瑞于羣后。輯斂既盡覲見班還后君也舜斂公侯伯子男之瑞圭璧盡以正月中乃日月見四岳及九州牧監還五瑞於諸侯與之正始

歲二月東巡守，至于岱宗，柴。諸侯爲天子守土故稱守巡行之既班瑞之明月乃順春東巡岱宗泰山爲四岳所宗燔柴祭天告至望秩于山川。東岳諸侯境内名山大川如其秩次望祭之謂五岳牲禮視三公四瀆視諸侯其餘視伯子男肆覲東后。遂見東方之國君協時月正日，同律度量衡。合四時之氣節月之大小日之甲乙使齊一也律法制及尺丈斛斗斤兩皆均同修五禮。五玉。修吉凶賓軍嘉之禮五等諸侯執其王三帛二生一死贄。三帛諸侯世子執纁公之孤執玄附庸之君執黃二生卿執羔

崇望秩于山川朱子作一句

五玉至贄九字朱子謂當在覲東后之下

考續

疆理

典刑

大夫執鴈一死士執雉玉帛生死所以爲贄以見之如五器卒乃復卒終復還也器謂圭璧如五器禮終則還之三帛生死則否五月南巡守至于南岳如岱禮南岳衡山自東岳南巡五月至八月西巡守至于西岳如初西岳華山初謂岱宗十有一月朔巡守至于北岳如西禮北岳恒山歸格于藝祖用特巡守四岳然後歸告至文祖之廟藝文也言祖則考著特一牛五載一巡守羣后四朝各會朝于方岳之下凡四處故曰四朝將說敷奏之事故申言之堯舜同道舜攝則然堯又可知敷奏以言明試以功車服以庸敷陳奏進也諸侯四朝各使陳進治理之言明試其言以要其功功成則賜車服以表顯其能用肇十有二州肇始也禹治水之後舜分冀州爲幽州并州分青州爲營州始置十二州封十有二山濬川封大也每州之名山殊大者以爲其州之鎮有流川則深之使通利象以典刑象法也法

四罪非一時蓋總叙于恤刑之下尓

用常刑用不越法流宥五刑宥寛也以流放之法寛五刑鞭作官刑以鞭爲治官事之刑扑作教刑扑榎楚也不勤道業則撻之金作贖刑金黃金誤而入刑出金以贖罪眚災肆赦怙終賊刑眚過災害肆緩賊殺也過而有害當緩赦之怙姦自終當刑殺之欽哉欽哉惟刑之恤哉舜陳典刑之義勑天下使敬之憂欲得中流共工于幽洲象恭滔天足以惑世故流放○之幽洲北裔水中可居者曰洲放驩兜于崇山黨於共工罪惡同崇山南裔竄三苗于三危三苗國名縉雲氏之後爲諸侯號饕餮三危西裔殛鯀于羽山方命圮族績用不成殛竄放流皆誅也異其文述作之體羽山東裔在海中四罪而天下咸服皆服舜用刑當其罪故作者先敘典刑而連引四罪明皆徵用所行於此摠見之二十有八載帝乃殂落殂落死也堯年十六即位七十載求禪試舜三載自正月上日至崩二十八載堯死壽百一十七歲百姓如喪

考妣官考妣父母言百感德思慕 三載四海遏密八音 遏絶密靜也八音金石絲竹匏土革木四夷絶音三年則華夏可知言盛德恩化所及者遠 月正元日舜格于文祖 月正正月元日上日也舜服堯喪三年畢將即政故復至文祖廟告 詢于四岳闢四門 詢謀也謀政治於四岳開闢四方之門未開者廣致衆賢 明四目達四聰 廣視聽於四方使天下無壅塞 咨十有二牧曰食哉惟時 咨亦謀也所重在於民食惟當敬授民時 柔遠能邇惇德允元 柔安邇近惇厚也元善之長言當安遠乃能安近厚行德信使足長善 而難任人蠻夷率服 任佞難拒也佞人斥遠之則忠信昭於四夷皆相率而來服 舜曰咨四岳有能奮庸熙帝之載 奮起庸功載事也訪羣臣有能起發其功廣堯之事者言舜曰以別堯 使宅百揆亮采惠疇 亮信惠順也求其人使居百揆之官信立其功順其事者誰乎 僉曰伯禹作司空

即位来四方之賢
詢岳察四方之事
咨牧通四方之言

百揆 次年水土叙其司空之功

每州一侯 侯之長專任牧民之事夫諸侯固各牧其國之民然或各私其國曲防遏糴州牧所以通其勢
故曰食哉惟時柔遠能邇惟時言民食之不可後時也養民者視年之上下而為之備視地之豐歉而為之通
知民之貧弱孤寡而為之恤不使民食之後時也十二州冀豫為中餘皆外邇四裔當崇厚道德信任元善
忌壬佞率諸侯者意尚如此則當時風俗治体可知矣蠻夷率服推言其效也

惟時懋哉勉其百揆之職

后稷

司徒

士師

棄契皋陶皆因其職而申命之故皆不復遜讓夔龍亦[illegible]

四岳同辭而對禹代鯀爲崇伯入爲天子司空治洪水有成功言可用之帝曰俞咨禹汝平水土惟時懋哉然其所舉稱禹前功以命之懋勉也惟居是百揆勉行之禹拜稽首讓于稷契曁皋陶居稷官者棄也契皋陶二臣名稽首首至地帝曰俞汝往哉然其所推之賢不許其讓勑使往宅百揆帝曰棄黎民阻飢汝后稷播時百穀阻難播布也衆人之難在於飢汝后稷布種是百穀以濟之美其前功以勉之帝曰契百姓不親五品不遜五品謂五常遜順也汝作司徒敬敷五教在寬布五常之教務在寬所以得人心亦美其前功帝曰皋陶蠻夷猾夏寇賊姦宄猾亂也夏華夏羣行攻刼曰寇殺人曰賊在外曰姦在內曰宄言無教之所致汝作士五刑有服士理官也五刑墨劓剕宫大辟服從也言得輕重之中正五服三就既從五刑謂服罪也行刑當就三處大罪於原野大夫於朝士於市五流有

共工

虞

典禮

宅五宅三居謂不忍加刑則流放之若四凶者五刑之流各有所居五居之差有三等之居大罪四裔次九州之外次千里之外惟明克允言皋陶能明信五刑施之遠近蠻夷猾夏使咸信服無敢犯者因禹讓三臣故歷述之帝曰疇若予工僉曰垂哉問誰能順我百工事者朝臣舉垂垂臣名帝曰俞咨垂汝共工共謂共其職事垂拜稽首讓于殳斨暨伯與殳斨伯與二臣名帝曰俞往哉汝諧汝能諧和此官帝曰疇若予上下草木鳥獸僉曰益哉上謂山下謂澤順謂施其政教取之有時用之有節言伯益能之帝曰俞咨益汝作朕虞虞掌山澤之官益拜稽首讓于朱虎熊羆帝曰俞往哉汝諧朱虎熊羆二臣名垂益所讓四人皆在元凱之中帝曰咨四岳有能典朕三禮僉曰伯夷三禮天地人之禮伯夷臣名姜姓帝曰俞咨伯汝作秩宗

讒殄之原起於民情不達政教不明俗移於下而上不知令出於上而下不聞餘言而以代臣
言而觀民風也出納朕命惟允所以審君言而播民教也此道化所以通於民心民心所以化於
上而讒殄所以不行也三代而上道化出於一異端不作蓋以此亦

典樂
教冑子之目
氣質之性
變化之功
典樂之綱
典樂教冑子此古者教法之妙周大司樂掌成均之法亦然
夔曰十二字益稷篇之錯誤

秩序宗尊也主郊廟之官夙夜惟寅直哉惟清夙早也言早夜敬思其職典禮施政教使正直而清明伯拜稽首讓于夔龍夔龍二臣名帝曰俞往欽哉。然其賢不許讓帝曰夔命汝典樂教冑子冑長也謂元子以下至卿大夫子弟以歌詩蹈之舞之教長國子中和祗庸孝友直而溫寬而栗教之正直而溫和寬弘而能莊栗剛而無虐簡而無傲剛失之虐簡失之傲教之以防其失詩言志歌永言謂詩言志以導之歌詠其義以長其言聲依永律和聲聲謂五聲宮商角徵羽律謂六律六呂十二月之音氣言當依聲律以和樂八音克諧無相奪倫神人以和倫理也八音能諧理不錯奪則神人咸和命夔使勉之夔曰於予擊石拊石百獸率舞石磬也磬音之清者拊亦擊也擊清者和則其餘皆從矣樂感百獸使相率而舞則神人和可知帝曰龍朕堲讒說殄行震驚朕師

納言

總命

考績

舜典所載皆帝舜初政至三考之後庶績咸熙所黜者獨三苗耳卒章通載始終著其晚年授禹之事則具在禹謨

聖疾殄絕震動也言我疾讒說絕君子之行而動驚我衆欲遏絕之命汝作納言夙夜出納朕命惟允。納言喉舌之官聽下言納於上受上言宣於下必以信帝曰咨汝二十有二人。禹垂益伯夷夔龍六人新命有職四岳十二牧凡二十二人特敕命之欽哉惟時亮天功。各敬其職惟是乃能信立天下之功三載考績。三考黜陟幽明。三年有成故以考功九歲則能否幽明有別黜退其幽者升進其明者庶績咸熙。分北三苗。考績法明衆功皆廣三苗幽闇君臣善否分北流之不令相從善惡明舜生三十。徵庸言其始見試用三十在位。歷試二年攝位二十八年五十載陟方乃死。方道也舜即位五十年升道南方巡守死於蒼梧之野而葬焉三十徵庸三十在位服喪三年其一在三十之數為天子五十年凡壽百一十二歲帝釐下土方設居方言舜理四方諸侯各設其官居其方別生分類。生姓也別其姓族分其類使相從作汨

逸書序

四岳一人 牧十二人 九官九人

作汩治作興也言其治民之功興故爲汩作之篇亡九共九篇槀飫槀勞飫賜也凡十一篇皆二

尚書卷第一

小序矢謨序皐謨成功序禹謨申之序益稷汝亦昌言然不能及舜禹傳授之旨
二典虞書之經
三謨猶二典之傳

# 尚書卷第二

大禹謨第三古文作大命暮　虞書　孔氏傳

皐陶矢厥謨矢陳也禹成厥功陳其成功帝舜申之申重也重美二子之言作大禹皐陶謨大禹謀九功皐陶謀九德益稷凡三篇

大禹謨

曰若稽古大禹順考古道而言之曰文命敷于四海祗承于帝言其外布文德教命內則敬承堯舜曰后克艱厥后臣克艱厥臣政乃乂黎民敏德敏疾也能知爲君難爲臣不易則其政治而衆民皆疾修德帝曰俞允若茲嘉言罔攸伏野無遺賢萬邦咸寧攸所也善言無所伏言必用如此則賢才在位天下安稽于衆舍己從人不虐無告不廢困窮惟帝時克帝謂堯也舜因嘉言無所伏遂稱堯德以

曰古文作粵

克艱舜因禹克艱之謨而述堯之克艱上三句其效下四句其本益因舜述堯之辭而誦堯之德

業 禹因益言堯得天之德而推感應之理

益之謨

心身 朝廷 百姓 四夷

朱子謂自此以下皆一時之言

成其義考衆從人矜孤愍窮凡人所輕聖人所重益曰都帝德廣運乃聖乃神乃武乃文益因舜言又美堯也廣謂所覆者大運謂所及者遠聖無所不通神妙無方文經天地武定禍亂皇天眷命奄有四海為天下君眷視奄同也言堯有此德故爲天所命所以勉舜也禹曰惠迪吉從逆凶惟影響迪道也順道吉從逆凶吉凶之報若影之隨形響之應聲言不虛益曰吁戒哉儆戒無虞罔失法度先吁後戒欲使聽者精其言虞度也無億度謂無形戒於無形備慎深秉法守度言有常罔遊于逸罔淫于樂淫過也遊逸過樂敗德之原冨貴所忽故特以爲戒任賢勿貳去邪勿疑疑謀勿成百志惟熙一意任賢果於去邪疑則勿行道義所存於心日以廣矣罔違道以干百姓之譽干求也失道求名古人賤之罔咈百姓以從己之欲咈戾也專欲難成犯衆興禍故戒之無怠無荒

謀之未決者未可行蓋事必審決而後行

無古文作亡後同

六府 府即官府之府猶禮記所謂天子之六府
水火金木土穀物有其官官修其方而文

三事 教化之以正其德懋迁之以利其用均節之以厚其生 若厚典唐礼懋迁化居
蓄積備具之類

禹陳德政教養之謨

授禹

遜皋

四夷來王。言天子常戒慎無怠惰荒廢則四夷歸往之 禹曰於帝念哉德惟善政政在養民。歎而言念重其言爲政以德則民懷之 水火金木土穀惟修。言養民之本在先修六府 正德利用厚生惟和。正德以率下利用以阜財厚生以養民三者和所謂善政 九功惟敘九敘惟歌。言六府三事之功有次敘皆可歌樂乃德政之致 戒之用休董之用威勸之以九歌俾勿壞。休美董督也言善政之道美以戒之威以督之歌以勸之使政勿壞在此三者而已 帝曰俞。地平天成六府三事允治萬世永賴時乃功。水土治曰平五行敘曰成因禹陳九功而嘆美之言是汝之功明衆臣不及 帝曰格汝禹朕宅帝位三十有三載耄期倦于勤汝惟不怠總朕師。八十九十曰耄百年曰期頤言已年老猒倦萬機汝不懈怠於位稱總我衆欲使攝 禹曰朕德罔克

虞廷大臣德之相似者惟禹與皋故禹於命攝之時所遜惟皋又恐帝舜見己之功而不見皋之爲功故反覆以念功勉之謂念之也熟則愈詳之而不可易言之也熟則愈外之而不可遺帝與己而不與皋豈言念之或略歟然帝固未嘗不深知皋之功也故因禹言以推明之大抵皋之德言密於禹禹之德烈著於皋禹之功天下所共知而皋之爲功非舜禹不能深知之也

民不依。皋陶邁種德，德乃降，黎民懷之。邁行種布降下懷歸也言己無德民所不能依皋陶布行其德下治於民民歸服之帝念哉。念茲在茲，釋茲在茲，茲此釋廢也念此人在此功廢此人在此罪言不可誣名言茲在茲，允出茲在茲，惟帝念功。名言此事必在此義信出此心亦在此義言皋陶之德以義爲主所宜念之帝曰：皋陶，惟茲臣庶，罔或干予正。或有也無有干我正言順命汝作士，明于五刑，以弼五教，期于予治。弼輔期當也數其能以刑輔教當於治體刑期于無刑，民協于中，時乃功，懋哉。雖或行刑以殺止殺終無犯者刑期於無所刑民皆合於大中之道是汝之功勉之皋陶曰：帝德罔愆，臨下以簡，御衆以寬。愆過也善則歸君人臣之義罰弗及嗣，賞延于世。嗣亦世俱謂子延及也父子罪不相及而及其賞道德之政宥過無大，刑

舜方推美皋之功皋則歸美帝之德而帝復以美皋焉君臣有功更相歸美此固虞廷之盛然君臣之体相須以成實非可以獨致者宜其成功之交相歸美也

再命

昔堯之授舜也曰允執其中此授之以治天下之要道也人治天下唯在於[illegible]
隨事各得而已示舜亦以命禹則益之以三言此又授之執中之要法也夫用之所以不合乎中以理欲雜乎方寸
之間辯之不精則守之不一是以動而不中則不能得其無過不及之則示理與氣會而為心則一而知覺
意念所從發者異故帝舜分為界限以言之道者人之主先言人心而后言道心者蓋道心之所以微亦人
心之危有以微之示惟精則辯乎人心道心之間而不差一則守此道心之主而不貳中即道之用也

故無小。過誤所犯雖大必宥不忌故犯雖小必刑罪疑惟輕，功疑惟重。刑疑附輕賞疑從重忠厚之至與其殺不辜，寧失不經，好生之德洽于民心，茲用不犯于有司。辜罪經常司主也皋陶因帝勉己遂稱帝之德所以明民不犯上也寧失不常之罪不枉不辜之善仁愛之道帝曰：俾予從欲以治，四方風動，惟乃之休。使我從心所欲而政以治民動順上命若草應風是汝能明刑之美帝曰：來，禹！降水儆予，成允成功，惟汝賢。水性流下故曰下水儆戒也能成聲教之信成治水之功言禹最賢重美之克勤于邦，克儉于家，不自滿假，惟汝賢。滿謂盈實假大也言禹惡衣薄食卑其宮室而盡力爲民執心謙冲不自盈大汝惟不矜，天下莫與汝爭能；汝惟不伐，天下莫與汝爭功。自賢曰矜自功曰伐言禹推善讓人而不失其能不有其勞而不失其功所以能絕衆人予懋

舜命禹本堯四語而推明之舜禹分量不同朱子詳之
張宣公曰此書中第一義
人言不稽于度勿從己謀不詢于衆勿用
禹前遜皋不獲至此又有枚卜之遜功臣如皋益稷契皆是

乃德嘉乃丕績天之曆數在汝躬汝終陟元后丕大也曆數謂天道元大也大君天子舜善禹有治水之大功言天道在汝身汝終當升爲天子人心惟危道心惟微惟精惟一允執厥中危則難安微則難明故戒以精一信執其中無稽之言勿聽弗詢之謀勿庸無考無信驗不詢專獨終必無成故戒勿聽用可愛非君可畏非民衆非元后何戴后非衆罔與守邦民以君爲命故可愛君失道民叛之故可畏言衆戴君以自存君恃衆以守國相須而立欽哉愼乃有位敬修其可願四海困窮天祿永終有位天子位可願謂道德之美困窮謂天民之無告者言爲天子勤此三者則天之祿籍長終汝身惟口出好興戎朕言不再好謂賞善戎謂伐惡言口榮辱之主慮而宣之成於一世禹曰枚卜功臣惟吉之從枚謂歷卜之而從其吉此禹讓之意帝曰禹

三命

終命　神宗堯廟也

征苗　在受命三十載大事會諸侯禹猶稟命而後行也前曰三苗後又分北三苗此言有苗豈竄且分之後特其一部歟

官占惟先蔽志昆命于元龜帝王立卜占之官故曰官占蔽斷昆後也官占之法先斷人志後命於元龜言志定然後卜朕志先定詢謀僉同鬼神其依龜筮協從卜不習吉習因也言已謀之於心謀及卜筮四者合從卜不因吉無所枚卜禹拜稽首固辭再辭曰固帝曰毋惟汝諧言毋所以禁其辭禹有大功德故能諧和元后之任正月朔旦受命于神宗受舜終事之命神宗文祖之宗廟言神尊之率百官若帝之初順舜初攝帝位故事奉行之帝曰咨禹惟時有苗弗率汝徂征三苗之民數干王誅率循徂往也不循帝道言亂逆命禹討之禹乃會羣后誓于師曰濟濟有衆咸聽朕命會諸侯共伐有苗軍旅曰誓濟濟衆盛之貌蠢茲有苗昏迷不恭蠢動昏闇也言其所以宜討之侮慢自賢反道敗德狎侮先王輕慢典教反正道敗德義君子在

野小人在位廢仁賢任姦佞民棄不保天降之咎言民叛天災之肆予以爾衆士奉辭罰罪肆故也辭謂不恭罪謂侮慢以下事爾尚一乃心力其克有勳尚庶幾一汝心力以從我命三旬苗民逆命旬十日也以師臨之一月不服責舜不先有文誥之命威讓之辭而便憚之以威脅之以兵所以生辭益贊于禹曰惟德動天無遠弗屆贊佐屆至也益以此義佐禹欲其脩德致遠滿招損謙受益時乃天道自滿者人損之自謙者人益之是天之常道帝初于歷山往于田日號泣于旻天于父母仁覆愍下謂之旻天言舜初耕于歷山之時為父母所疾日號泣于旻天及父母克己自責不責於人負罪引慝祗載見瞽瞍夔夔齋慄瞽亦允若慝惡載事也夔夔悚懼之貌言舜負罪引惡敬以事見于父悚懼齋莊父亦信順之言能以至誠感頑父至誠感神矧茲有

徂征之師非必窮討但奉辭以臨之耳而苗猶逆命豈舜禹之德猶有所未至而益乃有滿損謙益之說且以負罪引慝為喻益乎曰行有不得者皆反求諸己其身正而天下歸之聖賢之於天下大率如此何嘗盡力以服人哉

干武舞羽文舞盖耍武敷文之意賓堦阼階盖舞於百辟群后朝會覲享之所皆著設教示民未資於文字榜檄之繁禮樂乃其大用而器度儀采即其具、

允迪厥德 君
謨明弼諧 臣
皋陶以此二語爲陳謨之首亦其所允蹈之者故史臣不以佗辭贊皋
慎修思敘 迪德之事

苗。誠和感況也至和感神況有苗乎言易感禹拜昌言曰。俞。班師振旅。昌當也以益言爲當故拜受而然之遂還師兵入曰振旅言整衆帝乃誕敷文德。遠人不服大布文德以來之舞干羽于兩階。干楯羽翳也皆舞者所執修闡文教舞文舞于賓主階間抑武事七旬有苗格。討而不服不討自來明御之者必有道三苗之國左洞庭右彭蠡在荒服之外去京師二千五百里

# 皋陶謨第四古文作咎繇謩虞書　孔氏傳

皋陶謨謨謀也皋陶爲帝舜謀

皋陶曰若稽古皋陶。亦順考古道以言之夫典謨聖帝所以立治之本皆師法古道以成不易之則曰。允迪厥德。謨明。弼諧。迪蹈厥其也其古人也言人君當信蹈行古人之德謀廣聰明以輔諧其政禹曰。俞。如何。然其言問所以行

皋陶曰。都。慎厥身修。思永。歎美之重也慎修其身思爲長久之道

**知人安民** 治道之綱要

**知人** 人之德見於行者其凡有九而言人之有德者當復指其於九德之行其事有幾也

惇敘九族，庶明勵翼，邇可遠在茲。言慎修其身厚次敘九族則衆庶皆明其教而自勉勵翼戴上命近可推而遠者在此道 禹拜昌言曰：俞。以皋陶言爲當故拜受而然之 皋陶曰：都，在知人，在安民。歎修身親親之道在知人所信任在能安民 禹曰：吁，咸若時，惟帝其難之。言帝堯亦以知人安民爲難故曰吁 知人則哲，能官人；安民則惠，黎民懷之。哲智也無所不知故能官人惠愛也愛則民歸之 能哲而惠，何憂乎驩兜？佞人亂真堯憂其敗政故流放之 何遷乎有苗？何畏乎巧言令色孔壬？孔甚也巧言靜言庸違令色象恭滔天禹言有苗驩兜之徒甚佞如此堯畏其亂政故遷放之 皋陶曰：都，亦行有九德，言人性行有九德以考察真僞則可知 亦言其人有德，乃言曰：載采采。載行采事也稱其人有德必言其所行某事某事以爲驗 禹曰：何？問九德品例 皋陶

九德凡十八字而合為九德者上九字其資質下九字則進脩而有德性之全美者寬者易弛寬而堅栗則為德柔者易弱柔而卓立則為德謹厚曰愿愿者易同流合污而不莊愿而嚴恭則為德治亂曰亂亂者恃有治亂解紛之才而易忽亂而敬謹則為德擾者馴熟而易爽擾而剛毅則為德直者而以行直而溫和則為德簡者多率易簡而廉隅則為德剛者多無蓄剛而塞實則德也彊者多恃

勇而無所取裁強而合宜則德也然必用其有常者謂有其德而持久者也若一時如此而德久不然則不常易變不足為有德矣故雖以是九者定其有德之目而必其有常然後用之小人勉強於一時亦似於德終未幾而變焉用之豈可保其為吉哉

以得人多少為治規廣狹之差

曰寬而栗〔性寬弘而能莊栗〕柔而立〔和柔而能立事〕愿而恭〔愨愿而恭恪〕亂而敬〔亂治也有治而能謹敬〕擾而毅〔擾順也致果為毅〕直而溫〔行正直而氣溫和〕簡而廉〔性簡大而有廉隅〕剛而塞〔剛斷而實塞〕彊而義〔無所屈撓動必合義〕彰厥有常吉哉〔彰明吉善也明九德之常以擇人而官之則政之善〕日宣三德夙夜浚明有家〔三德九德之中有其三宣布夙早浚須也卿大夫稱家言能日日布行三德早夜思之須明行之可以為卿大夫〕日嚴祗敬六德亮采有邦〔有國諸侯日日嚴敬其身敬行六德以信治政事則可以為諸侯〕翕受敷施九德咸事俊乂在官〔翕合也能合受三六之德而用之以布施政教使九德之人皆用事謂天子如此則俊德治能之士並在官〕百僚師師百工惟時〔僚工皆官也師師相師法百官皆是言政無非〕撫于五辰庶績其凝〔凝成也言百官皆撫順五行之時眾功皆成〕

塞 古文作寋
日 退作當

詳陳知人之目而以
兢業之心總之天工

安民

教典礼所以同
人心之寅協
禮其恭和其
衷也

賞

刑

詳陳安民之目以
懋敬之心總之天民

無教逸欲有邦不爲逸豫貪欲之教是有國者之常兢兢業業一日二
日萬幾兢兢我慎業業危懼幾微也言當戒懼萬事之微無曠庶官天工人
其代之曠空也位非其人爲空官言人代天理官不可以天官私非其才天敘有典
勑我五典五惇哉天敘人之常性各日分義當勑正我五常之教使合于五厚厚天
下天秩有禮自我五禮有庸哉庸常自用也天秩有禮當用我公侯伯
子男五等之禮以接之使有常同寅協恭和衷哉衷善也以五禮正諸侯使同敬合恭
而和善天命有德五服五章哉五服天子諸侯卿大夫士之服也尊卑彩章各
異所以命有德天討有罪五刑五用哉言天以五刑討有罪用五刑宜必當政
事懋哉懋哉言敘典秩禮命德討罪無非天意者故人君居天官聽政治事下可以不自勉
天聰明自我民聰明言天因民而降之福民所歸者天命之天視聽人君之行用民

# 孜孜

孜孜之實

為聰明天明畏自我民明威天明可畏亦用民成其威民所叛者天討之是天明可畏之効達于上下敬哉有土言天所賞罰惟善惡所在不避貴賤有土之君不可不敬懼臯陶曰朕言惠可厎行其所陳九德以下之言順於古道可致行禹曰俞乃言厎可績然其所陳從而美之曰用汝言致可以立功臯陶曰予未有知思曰贊贊襄哉言我未有所知未能思致於善徒亦贊奏上古行事而言之因禹美之承以謙辭言之序威古文作畏

益稷第五古文作𣛭稅虞書語意与臯多析為二孔氏傳謨相接竹簡繁編今文合之

益稷禹稱其人因以名篇帝曰來禹汝亦昌言因臯陶謨九德故呼禹使亦陳當言禹拜曰都帝予何言予思日孜孜拜而歎辭不言欲使帝重臯陶所陳言已思日孜孜不怠奉承臣功而已臯陶曰吁如何問所以孜孜之事禹曰洪

其初拯民之權宜
其中民食之漸舉
其末民食之皆足

實踐之言皐師之
前自述孜孜之實
此對昌言之答

水滔天浩浩懷山襄陵下民昏墊言天下民昏瞀墊溺皆困水災予乘四載隨山刊木所載者四謂水乘舟陸乘車泥乘輴山乘樏隨行九州之山林刊槎其木開通道路以治水也暨益奏庶鮮食奏謂進於民鳥獸新殺曰鮮與益槎木獲鳥獸民以進食予決九川距四海濬畎澮距川距至也決九州名川通之至海一畝之間廣尺深尺曰畎方百里之間廣二尋深二仞曰澮澮畎深之至川亦入海暨稷播奏庶艱食鮮食艱難也衆難得食處則與稷教民播種之決川有魚鼈使民鮮食之懋遷有無化居化易也居謂所宜居積者勉勸天下徙有之無魚鹽徙山林木徙川澤交易其所居積烝民乃粒萬邦作乂米食曰粒言天下由此爲治本臯陶曰俞師汝昌言言禹功甚當可師法禹曰都帝慎乃在位帝曰俞然禹言受其戒禹曰安汝止惟幾惟康其弼直言慎在位當先安好惡所止念慮幾微以

濬畎澮井田之制昉乎此

資助上無資臣鄰下獨資禹

肱左右導之也導德齊礼所以扶人心之中

股宣力行之也布德行政所以周天下之勢

目制禮也礼莫先於服章之等以秩用德

鄰哉即四鄰

四鄰謂左輔右弼前疑後丞也

明庶朱子謂試字之訛

保其安其輔臣必用直人惟動丕應徯志徯待也帝先安所止動則天下大應之順命以待帝志以昭受上帝天其申命用休昭明也非但人應之又乃明受天之報施天又重命用美帝曰吁臣哉鄰哉鄰哉臣哉禹曰俞鄰近也言君臣道近相須而成帝曰臣作朕股肱耳目言大體若身予欲左右有民汝翼左右助也助我所有之民富而教之汝翼成我予欲宣力四方汝為布力立治之功汝羣臣當為之予欲觀古人之象欲觀示法象之服制日月星辰山龍華蟲日月星為三辰華象草華蟲雉也晝三辰山龍華蟲於衣服旌旗作會宗彝會五采也以五采成此畫焉宗廟彝樽亦以山龍華蟲為飾藻火粉米黼黻絺繡藻水草有文者火為火字粉若粟冰米若聚米黼若斧形黻為兩已相背葛之精者曰絺五色備曰繡以五采彰施于五色作服汝明天子服日月而下諸侯自

耳作樂也樂本出於言志之詩以陶民風

化讒説九契夷夔龍之事皆以命爲相職無所不統也

龍袞而下至黼黻士服藻火大夫加粉米上得兼下下不得僭上以五采明施于五色作尊卑之服汝明

制之予欲聞六律五聲八音在治忽以出納五言汝聽言欲以六律和聲音在察天下治理及忽怠者又以出納仁義禮智信五德之言施于民以成化汝當聽審之

予違汝弼汝無面從退有後言我違道汝當以義輔正我無得面從我違而退後有言我不可弼

欽四鄰庶頑讒説若不在時四近前後左右之臣勑使敬其職衆頑愚讒説之人若所行不在於是而爲非者當察之

侯以明之撻以記之當行射侯之禮以明善惡之教笞撻不是者使記識其過

書用識哉欲並生哉書識其非欲使改悔與共並生

工以納言時而颺之工樂官掌誦詩以納諫當是正其義而颺道之

格則承之庸之否則威之天下人能至于道則承用之任以官不從教則以刑威之

禹曰俞哉帝光天之下至于海隅蒼生

德政明則不必憂頑讒

帝不時則昏憂不獨在頑讒

以丹朱為戒

禹治水八年之間新昏不暇久子啼不暇顧

光天之下至于海隅蒼蒼然生草木言所及廣遠萬邦黎獻共惟帝臣惟帝時舉敷納以言明庶以功車服以庸獻賢也萬國衆賢共爲帝臣帝舉是而用之使陳布其言明之皆以功大小爲差以車服旌其能用之誰敢不讓敢不敬應上惟賢是用則下皆敬應上命而讓善帝不時敷同日奏罔功帝用臣不是則遠近布同而日進於無功以賢愚並位優劣共流故無若丹朱傲惟慢遊是好丹朱堯子舉以戒之傲虐是作罔晝夜頟頟傲戲而爲虐無晝夜常頟頟肆惡無休息罔水行舟朋淫于家用殄厥世朋羣也丹朱習於無水陸地行舟言無度羣淫於家妻妾亂用是絕其世不得嗣予創若時娶于塗山辛壬癸甲創懲也塗山國名懲丹朱之惡辛日娶妻至于甲日復往治水不以私害公啓呱呱而泣予弗子惟荒度土功啓禹子也禹治水過門不入聞啓泣聲不暇子

以苗頑為憂

使禹敷德來覲刑此帝化苗終樂此語在前入于此次之祖征最後

樂

韶備衆音獨云擊石者韶以球為主樂五所自奏也予擊石拊石而已而獸舞人和此必有在於聲器之表者

咎之以大治度水土之功故弼成五服至于五千州十有二師五服侯甸綏要荒服也服五百里四方相距為方五千里治洪水輔成之一州用三萬人功九州二十七萬庸外薄四海咸建五長薄迫也言至海諸侯五國立賢者一人為方伯謂之五長以相統治以奬帝室各迪有功苗頑弗即工帝其念哉九州五長各蹈為有功唯三苗頑凶不得就官善惡分別帝曰迪朕德時乃功惟叙言天下蹈行我德是汝治水之功有次序敢不念乎皋陶方祗厥叙方施象刑惟明方四方禹五服既成故皋陶敬行其九德考績之次序於四方又施其法刑皆明白史因禹功重美之

夔曰戛擊鳴球搏拊琴瑟以詠祖考來格戛擊柷敔所以作止樂搏拊以韋為之實之以糠所以節樂球玉磬此舜廟堂之樂民悅其化神歆其祀禮備樂和故以祖考來至明之虞賓在位群后德讓丹朱為王者後故稱賓言與諸侯助祭年爵同推先有德

祖考

五帝以天下為統韶樂以繼堯為名則祖考即謂文祖神宗也然國語礼記皆謂有虞禘郊祖宗報五者各有所尊自不相瀆

歌 勑天時幾者帝所以歌之意帝歌先股肱率作欽省者皐陶所以歌之意皐歌先元首

簫 古文作箾

簫韶作歌二章

下管鼗鼓合止柷敔堂下樂也上下合止樂各有柷敔明球弦鍾籥各自互見笙

鏞以間鳥獸蹌蹌鏞大鍾間迭也吹笙擊鍾鳥獸化德相率而舞蹌蹌然簫韶

九成鳳皇來儀韶舜樂名言簫見細器之備雄曰鳳雌曰皇靈鳥也儀有容儀備樂九奏

而致鳳皇則餘鳥獸不待九而率舞夔曰於予擊石拊石百獸率舞庶

尹允諧尹正也衆正官之長信皆和諧言神人治始於任賢立政以禮治成以樂所以太平帝

庸作歌曰勑天之命惟時惟幾用庶尹允諧之政故作歌以戒安不忘危

勑正也奉正天命以臨民惟在順時惟在慎微乃歌曰股肱喜哉元首起哉

百工熙哉元首君也股肱之臣喜樂盡忠君之治功乃起百官之業乃廣皐陶拜手

稽首颺言曰念哉大言而疾曰颺承歌以戒帝率作興事慎乃憲

欽哉憲法也天子率臣下為起治之事當慎汝法度敬其職屢省乃成欽哉屢數

盖因上章股肱耳之喻而以類附於以見虞廷至和之盛非一時之言也

也當數顧省汝成功敬終以善無懈怠乃賡載歌曰元首明哉股肱良哉庶事康哉賡續載成也帝歌歸美股肱義未足故續歌先君後臣衆事乃安以成其義又歌曰元首叢脞哉股肱惰哉萬事墮哉叢脞細碎無大略君如此則臣懈惰萬事墮廢其功不成歌以申戒帝拜曰俞往欽哉拜受其歌戒羣臣自今以往敬其職事哉

尚書卷第二

禹之治水首於冀都次即兗青徐大抵皆爲河患故尔耳以後世證之漢時河決東入青齊西被梁楚南溢淮泗宋朝前後河決亦然至紹熙甲寅以後尤甚其後自分爲南清河以入淮而患始息河患所被大率古兗青徐之境也緬想神禹導河載壺口治梁岐闢龍門疏砥柱洓大陸播爲九河使之北流釃爲漭漯使之東殺又通于淮泗使之甚則可以南洩是以冀兗青徐次第皆平

朱子所謂洪水之患河爲甚禹之用功於河爲多是也至於楊荊則以江漢下流水澤所聚而楊爲尤

此篇蓋夏史之追錄（紀其成功未必盡得神禹之妙用而因此亦可推見）

冀州（帝都三面河患禹首用功不言所至示無外也冀賦不專出於田雜征在內故亦不言貢篚每州之末必書入都水道冀帝都而亦云者時都平陽於冀爲西南而東北廣遠叙恒衛大陸於後島夷則由碣石皆入）

# 尚書卷第三

## 禹貢第一（古文第六） 夏書 孔氏傳

禹別九州（分其圻界）隨山濬川（刊其木深其流）任土作貢（任其土地所有定其貢賦之差此堯時事而在夏書之首禹之王以是功）禹貢（禹制九州貢法）禹敷土隨山刊木（洪水汎溢禹分布治九州之土隨行山林斬木通道）奠高山大川（奠定也高山五岳大川四瀆定其差秩祀禮所視）冀州既載（堯所都也先施貢賦役載於書）壺口治梁及岐（壺口在冀州梁岐在雍州從東循山治水而西）既修太原至于岳陽（高平曰太原今以爲郡名岳太岳在太原西南山南曰陽）覃懷厎績至于衡漳（覃懷近河地名漳水橫流入河從覃懷致功至橫漳）厥土惟白壤（無塊曰壤水去土復其性色白而壤）厥賦惟上上錯（賦謂土地所生以供天子上上第一錯雜雜出第二之賦）

古者兵賦通称九州言賦等兵數在内可知

都水道也

兖州古河北流兖當其東地平無山水患特甚禹疏九河瀹泲漯有雷夏以鍾平原之水爲灉沮以泄河泲之餘至後世東北海淪西則河徙中則漯并南則泲伏故川澤源委悉非其舊

厥田惟中中。田之高下肥瘠九州之中爲第五恒衛既從大陸既作二水已治從其故道大陸之地已可耕作島夷皮服海曲謂之島居島之夷還服其皮明水害除夾右碣石入于河碣石海畔山禹夾行此山之右而入河逆上此州帝都不說境界以餘州所至則可知先賦後田殊於餘州不言貢篚亦差於餘州亦濟河惟兖州東南據濟西北距河九河既道。河水分爲九道在此州界平原以北是雷夏既澤灉沮會同。雷夏澤名灉沮二水會同此澤桑土既蠶是降丘宅土地高曰丘大水去民下丘居平土就桑蠶厥土黑墳色黑而墳起厥草惟繇厥木惟條。繇茂條長也厥田惟中下田第六厥賦貞。貞正也州第九賦正與九相當作十有三載乃同。治水十三年乃有賦法與他州同厥貢漆絲厥篚織文。地宜漆林又宜桑蠶織文錦綺之屬盛之筐篚而貢焉浮于濟漯達于河

濟古文作泲篇內並同

貞本下下篆文重字但於字下从二兖賦下下古篆作下二或誤作正遂訛爲貞文古通作垂尤与下下易差互也

下亦不得不次第及之豫雖近河而自太華殽函以東至于翠連山爲之限但滎菏在其東偏耳河導則伊洛諸水不勞而入矣梁雍諸水方源計不甚用功所以獨後乃若平水土物土宜定田制經賦斂通朝貢同風化則無閒也○凡禹貢所書之山多是即山以名其地非謂獨治其山也

○孝君桐陽散翁曰洪水滔天多是水生源降之候神禹疏鑿則在水落石出之時

青州首書嵎夷非例也自帝堯以嵎夷宅東方之景而青境實跨有東夷還河未淪斜連遼碣其後遂分爲營州

徐州川淮沂浚大野淮沂乂則蒙羽之處皆藝大野瀦則東原之土皆平泗之達河說文引書本作菏菏北連泲南通泗今南清河亦因其故道尔

順流曰浮濟漯兩水名因水入水曰達

海岱惟青州東北據海西南距岱山嵎夷既略濰淄其道嵎夷地名用功少曰略濰淄二水復其故道厥土白墳海濱廣斥濱涯也言復其斥鹵厥田惟上下厥賦中上田第三賦第四厥貢鹽絺海物惟錯絺細葛錯雜非一種岱畎絲枲鈆松怪石畎谷也怪異好石似玉者岱山之谷出此五物皆貢之萊夷作牧萊夷地名可以放牧厥篚檿絲檿桑蠶絲中琴瑟弦浮于汶達于濟

海岱及淮惟徐州東至海北至岱南及淮淮沂其乂蒙羽其藝二水已治二山已可種藝大野既豬東原厎平大野澤名水所停曰豬東原致功而平言可耕厥土赤埴墳草木漸包土黏曰埴漸進長包叢生厥田惟上中厥賦中中田第二賦第五厥貢惟土五色王者封五色土爲社建諸侯則各割其方色土與之使立社燾以黃土苴以白

揚州自至敷淺原其東水皆東流
嶺水北流而自建出嶺北
趨者脊以西之水皆西
北流是匯爲彭蠡也
脊以東之水南者爲
浙江北者爲震澤揚
州淮在徐已書又江於
荊已書朝宗故揚中
間惟三巨浸西通南
江則彭蠡之水無所
溢而今江東江西之水
有歸東疏三江則震
澤之水有所泄而浙
西之田不溺

茅取其絜黃取王者覆四方羽畎夏翟嶧陽孤桐夏翟翟雉名羽中旌旄羽山之谷有之孤特也嶧山之陽特生桐中琴瑟泗濱浮磬淮夷蠙珠曁魚泗水涯水中見石可以爲磬蠙珠珠名淮夷二水出蠙珠及美魚厥篚玄纖縞玄黑繒縞白繒纖細也纖在中明二物皆當細浮于淮泗達于河淮海惟揚州北據淮南距海彭蠡既豬陽鳥攸居彭蠡澤名隨陽之鳥鴻鴈之屬冬月所居於此澤三江既入震澤底定震澤吳南太湖名言三江已入致定爲震澤篠簜既敷篠竹箭簜大竹水去已布生厥草惟夭厥木惟喬少長曰夭喬高也厥土惟塗泥地泉濕厥田惟下下厥賦下上上錯田第九賦第七雜出第六厥貢惟金三品金銀銅也瑤琨篠簜瑤琨皆美玉齒革羽毛惟木齒象牙革犀皮羽鳥羽毛旄牛尾木楩柟豫章島夷卉服南海島夷草服葛越厥

荆州中間卑濕江漢自梁至此支分沮洳而荆州之水又自有九惟江漢通流則九江自洞庭入江江漢之支分爲沱潛者皆道則沮洳爲雲夢者可土可乂矣

篚織貝織細紵貝水物厥包橘柚錫貢小曰橘大曰柚其所包裹而致者錫命乃貢言不常沿于江海達于淮泗順流而下曰沿沿江入海自海入淮自淮入泗荆及衡陽惟荆州北據荆山南及衡山之陽江漢朝宗于海二水經此州而入海有似於朝百川以海爲宗宗尊也九江孔殷江於此州界分爲九道甚得地勢之中沱潛既道沱江別名潛水名皆復其故道雲土夢作乂雲夢之澤在江南其中有平土丘水去可爲耕作畎畝之治厥土惟塗泥厥田惟下中厥賦上下田第八賦第三人功修厥貢羽毛齒革惟金三品土所出與揚州同杶榦栝柏榦柘也柏葉松身曰栝礪砥砮丹砥細於礪皆磨石也砮石中矢鏃用朱類惟箘簵楛三邦厎貢厥名箘簵美竹楛中矢榦三物皆出雲夢之澤近澤三國常致貢之其名天下稱善包匭菁茅匭匣也菁以爲菹茅以縮酒厥篚玄

織貝按博物志南史邑林傳及薛士龍書說即今木綿。惟木惟金三品惟字訓与

豫州說見篇首

梁州岷嶓以見江漢之源源沱潛道以盡源流之分合蔡蒙和夷以見青衣大渡諸水之治禹貢即山以表水此一例也

纁璣組此州染玄纁色善故貢之璣珠類生於水組綬類九江納錫大龜尺二寸曰大龜出於九江水中龜不常用錫命而納之浮于江沱潛漢逾于洛至于南河逾越也河在冀州南東流故越洛而至南河荊河惟豫州西南至荊山北距河水伊洛瀍澗既入于河伊出陸渾山洛出上洛山澗出沔池山瀍出河南北山四水合流而入河滎波既豬滎澤波水已成遏豬導菏澤被孟豬菏澤在胡陵孟豬澤名在菏東北水流溢覆被之厥土惟壤下土墳壚高者壤下者壚壚疏厥田惟中上厥賦錯上中田第四賦第二又雜出第一厥貢漆枲絺紵厥篚纖纊纊細緜錫貢磬錯治玉石曰錯治磬錯浮于洛達于河華陽黑水惟梁州東據華山之南西距黑水岷嶓既藝沱潛既道岷山嶓冢皆山名水去已可種藝沱潛發源此州入荊州蔡蒙旅平和夷厎績

雍州 崐崘之墟也弱水自此西黑水自此南河水自此北渭水自此東黄壤土色之正其田上上古今號爲天府然亦荊岐涇灃之地渭貫其中最爲沃野餘多險塞故禹自

蔡蒙二山名祭山曰旅平言治功畢和夷之地致功可藝 厥土青黎 色青黑而沃壤 厥田惟下上厥賦下中三錯 田第七賦第八雜出第七第九三等 厥貢璆鐵銀鏤砮磬 璆玉名鏤剛鐵 熊羆狐貍織皮 貢四獸之皮織金罽 西傾因桓是來浮于潛逾于沔 西傾山名桓水自西傾山南行因桓水是來浮于潛漢上曰沔 入于渭亂于河 越沔而北入渭浮東渡河而還帝都曰所治正絶流曰亂 黑水西河惟雍州 西距黑水東據河龍門之河在冀州西 弱水既西 導之西流至於合黎 涇屬渭汭 屬逮也水北曰汭言治涇水入於渭 漆沮既從灃水攸同 漆沮之水已從入渭灃水所同同之於渭 荊岐既旅 已旅祭言治功畢此荊在岐東非荊州之荊 終南惇物至于鳥鼠 三山名言相望 原隰底績至于豬野 下濕曰隰豬野地名言皆致功 三危既宅三苗丕敘 西裔之山已可居三苗之族大

終南而西至鳥鼠自原隰以北至豬野皆先内以及外也·織皮以下雍州塞外之戎崐崘乃崑崙山旁小國

**導山**治水之規畫即山以知水表山以名地

**河渭以北諸山**鄭玄陰列玄北條

有次敘美禹之功厥土惟黄壤厥田惟上上厥賦中下。田第一賦第六人功少厥貢惟球琳琅玕。球琳皆玉名琅玕石而似玉浮于積石至于龍門西河。積石山在金城西南河所經也沿河順流而北千里而東千里而南龍門山在河東之西界會于渭汭。逆流曰會自渭北涯逆水西上織皮崐崘析支渠搜西戎即叙。織皮毛布有此四國在荒服之外流沙之内羌髳之屬皆就次叙美禹之功及戎狄也

道岍及岐至于荆山。更理說所治山川首尾所在治山通水故以山名之三山皆在雍州逾于河。此謂梁山龍門西河壺口雷首至于太岳。三山在冀州太岳上黨西厎柱析城至于王屋。此三山在冀州南河之北東行太行恒山至于碣石入于海。此二山連延東北接碣石而入滄海百川經此衆山禹皆治之不可勝名故以山言之西傾朱圉鳥鼠東西傾朱圉在積石以東鳥鼠渭水所出在

派而三危岷山眘西之水皆入焉河出崐崙乃其東北谷凡青海浩亹湟洮皆其諸源禹導河則自積

石而下積石至龍门甚遠中間治壺口梁岐已見冀州故此不書○岷古文作汶亦或作嶓

敷淺古文作傅　孟津古文作盟

河渭以南諸山 次陰中條

漢南諸山 次陽列

江南諸山 正陽列

（南條）

導水 敘水之原委舉大以知小

河自周定王五年以後始徙

今自洛汭大伾以東南流入

菏澤自菏澤東連大野西

被豬灘

隴西之西三者雍州之南山至于太華相首尾而東熊耳外方桐柏至于陪尾四山相連東南在豫州界洛經熊耳伊經外方淮出桐柏經陪尾凡此皆先舉所施功之山於上而後條列所治水於下互相備導嶓冢至于荊山漾水出嶓冢在梁州經荊山荊山在荊州內方至于大別內方大別二山名在荊州漢所經岷山之陽至于衡山岷山江所出在梁州衡山江所經在荊州過九江至于敷淺原言衡山連延過九江接敷淺原言導從首起言陽從南敷淺原一名博陽山在揚州豫章界導弱水至于合黎合黎水名在流沙東餘波入于流沙弱水餘波西溢入流沙導黑水至于三危入于南海黑水自北而南經三危過梁州入南海導河積石至于龍門施功發于積石至于龍門或鑿山或穿地以通流南至于華陰河自龍門南流至華山北而東行東至于厎柱厎柱山名河水分流包山而過

分爲南北清河南清河
下合泗水至山陽入淮北
清河即沛水故瀆入海
○九河多涸与逆河俱
淪爲小海

東匯澤爲彭蠡
朱子以爲多句
東爲北江入于海
鄭漁仲以爲羨文

山見水中若柱然在西虢之界又東至于孟津孟津地名在洛北都道所湊古今以爲津東過洛汭至于大伾洛汭洛入河處山再成曰伾至于大伾而北行北過降水至于大陸降水水名入河大陸澤名又北播爲九河北分爲九河以殺其溢在兖州界同爲逆河入于海同合爲一大河名逆河而入於渤海皆禹所加功故敘之嶓冢山導瀁東流爲漢泉始出山爲瀁水東南流爲沔水至漢中東流爲漢水又東爲滄浪之水別流在荊州過三澨至于大別三澨水名入漢大別山名南入于江山迴南入江東匯澤爲彭蠡匯迴也水東迴爲彭蠡大澤東爲北江入于海自彭蠡江分爲三入震澤遂爲北江而入海岷山導江東別爲沱江東南流沱東行又東至于澧澧水名過九江至于東陵江分爲九道在荊州東陵地名東迆北會于匯迆溢也東溢分流都其壯

漢匯彭蠡朱子文集語錄辯說甚詳史官追述豈能盡無差失此當先敘江而後敘漢則彭
蠡在江條之内似無甚礙又會于匯宜作會于漢蓋江迆北正与漢會至彭蠡湖口則江勢
已東且微南矣匯字或因上文而誤中江北江或當方言自有此名以識江漢合流之別

濟自王莽末年入河不復南出伏流地下今北清河行其故道

# 總敘

會爲彭蠡東爲中江入于海有北有中南可知導沇水東流爲濟泉源爲沇流去爲濟在温西北平地入于河溢爲滎濟水入河並流十數里而南截河又並流數里溢爲滎澤在敖倉東南東出于陶丘北陶丘丘再成又東至于菏菏澤之水又東北會于汶濟與汶合又北東入于海北折而東導淮自桐柏桐柏山在南陽之東東會于泗沂東入于海與泗沂二水合東入海導渭自鳥鼠同穴鳥鼠共爲雄雌同穴處此山遂名山曰鳥鼠渭水出焉東會于灃又東會于涇灃水自南涇水自北而合又東過漆沮入于河漆沮二水名亦曰洛水出馮翊北導洛自熊耳在宜陽之西東北會于澗瀍會于河南城南又東會于伊合於洛陽之南又東北入于河合於鞏之東九州攸同所同事在下四隩既宅四方之宅已可居九山刊

土賦　謹

井田

封建　德

弼成五服

遠近疆理之宜
徵役朝貢之節
大約限制如此

旅。九川滌源。九澤既陂。九州名山已槎木通道而旅祭矣九州之川已滌除泉源無壅塞矣九州之澤已陂障無決溢矣四海會同。六府孔修。四海之內會同京師九州同風萬國共貫水火金木土穀甚修治言政化和庶土交正。厎慎財賦。交俱也衆土俱得其正謂壤墳壚致所慎者財貨貢賦言取之有節不過度咸則三壤成賦中邦。皆法壤田上中下大較三品成九州之賦明水害除錫土姓。祗台德先。不距朕行。台我也天子建德因生以賜姓謂有德之人生此地以此地名賜之姓以顯之王者常自以敬我德爲先則天下無距違我行者五百里甸服。規方千里之內謂之甸服爲天子服治田去王城面五百里百里賦納總。甸服內之百里近王城者禾稾曰總入之供飼國馬二百里納銍。銍刈謂禾穗三百里納秸服。秸稾也服稾役四百里粟。五百里米。所納精者少麤者多五百里侯服。甸服外之五百里侯侯也斥侯

秸稾也服役事古者賦役不兩重四百里粟五百里則米皆輸至三百里而三百里之民爲之服轉輸於都故輕其賦百里總二百里銍古人均輸之法以御遠近勞費◎每服之中又分二三節此周制九服所由分也禹貢每服五百里指一面約計周制每服五百里合兩面通計古者井田之制道路徑直後世阡陌既開道里迂曲古者計約略後世計人迹又只有長短此古今里數遠近之分

外薄四海 限制有近遠 教化無内外

告成

而服事百里采侯服内之百里供王事而已不主一二百里男邦男任也任王者

事三百里諸侯三百里同爲王者斥候故合三爲一名五百里綏服綏安

也侯服外之五百里安服王者政教三百里揆文教揆度也度王者文教而行之三百里

皆同二百里奮武衛文教外之二百里奮武衛天子所以安五百里要服

綏服外之五百里要束以文教三百里夷守平常之教事王者而已二百里蔡蔡法

也法三百里而差簡五百里荒服要服外之五百里言荒又簡略三百里蠻以文

德蠻來之不制以法二百里流流移也言政教隨其俗凡五服相距爲方五千里東漸

于海西被于流沙朔南暨聲教漸入也被及也此言五服之外皆與王者

聲教而朝見訖于四海禹錫玄圭告厥成功玄天色禹功盡加於四海

故堯賜玄圭以彰顯之言天功成

凡禹貢地里間有於今不同者或古今名号之殊或人力開塞之異或陵谷海陸土石消長之變

扈在今京兆府南鄠縣夏都關河之東使有扈負固據關則有係於天下大勢故啓直往其國征之至於大戰啓可謂得禦強之道矣

左右御此每車甲士三人也每人即五伍之長左主射右主擊刺御主馬各守其職士死於車卒死於徒所以為必勝不敗之師汝六事之人也行伍則責之車士車士則責之六事之人此治軍之綱要也

甘誓第二古文作目斷　夏書扈古文作岵　孔氏傳

啓與有扈戰于甘之野作甘誓夏啓嗣禹位伐有扈之罪甘誓甘有

扈郊地名將戰先誓大戰于甘。乃召六卿。天子六軍其將皆命卿王曰。嗟

六事之人。各有軍事故曰六事予誓告汝有扈氏威侮五行。怠

棄三正。五行之德王者相承所取法有扈與夏同姓恃親而不恭是則威虐侮慢五行怠惰棄發天地人之正道言亂常天用勦絕其命。用其失道故勦截也截絕謂滅之今予惟

恭行天之罰。恭奉也言欲截絕之左不攻于左。汝不恭命。左車左左方主射攻治也治其職右不攻于右。汝不恭命。右車右勇力之士執戈矛以退

敵御非其馬之正。汝不恭命。御以正馬爲政三者有失皆不奉我命用

命賞于祖。天子親征必載遷廟之祖主行有功則賞祖主前示不專弗用命戮于

敘

太康尸位十九年為羿距河不能復濟遂居陽夏今開封太康縣乃其故城二十九年崩弟仲康立

社，天子親征又載社主謂之社事不用命奔北者則戮之於社主前社主陰陰主殺親祖嚴社之義予則孥戮汝，孥子也非但止汝身辱及汝子言恥累也

五子之歌第三　夏書　孔氏傳

太康失邦，啓子也盤于遊田不恤民事爲羿所逐不得反國昆弟五人須于洛汭作五子之歌，太康五弟與其母待太康於洛水之北怨其不反故作歌五子之歌，啓之五子因以名篇太康尸位以逸豫，尸主也主以尊位爲逸豫不勤滅厥德黎民咸貳，君喪其德則衆民皆二心矣乃盤遊無度，盤樂遊逸無法度畋于有洛之表十旬弗反，洛水之表水之南十日曰旬田獵過百日不還有窮后羿因民弗忍距于河，有窮國名羿諸侯名距太康於河不得入國遂廢之厥弟五人御其母以從，御侍也言從畋徯于洛之汭五子

歌
述大禹之戒怨太康之失民
述大禹之戒怨太康之盤遊
閔冀都之不保
左傳唐字下有帥彼天常

咸怨待太康怨其久畋失國述大禹之戒以作歌述循也歌以敘怨其一曰皇祖有訓民可近不可下皇君也君祖禹有訓戒近謂親之下謂失分民惟邦本本固邦寧言人君當固民以安國予視天下愚夫愚婦一能勝予言能畏敬小民所以得衆心一人三失怨豈在明不見是圖三失過非一也不見是謀備其微予臨兆民懍乎若朽索之馭六馬十萬曰億十億曰兆言多懍危貌朽腐也腐索馭六馬言危懼甚為人上者奈何不敬能敬則不驕在上不驕則高而不危其二曰訓有之內作色荒外作禽荒作為也迷亂曰荒色女色禽鳥獸甘酒嗜音峻宇彫牆甘嗜無厭足峻高大彫飾畫有一于此未或不亡此六者棄德之君必有其一有必亡況兼有乎其三曰惟彼陶唐有此冀方陶唐帝堯氏都冀州

惜舊章之淪喪
百二十斤為石大秤也
三十斤為鈞小秤也
關之和之同律度量衡
權以一天下之制歌舉
一以見其餘
歎播越之難追

統天下四方令失厥道亂其紀綱乃底滅亡言失堯之道亂其法制自致滅亡其四曰明明我祖萬邦之君有典有則貽厥子孫君萬國為天子典謂經籍則法貽遺也言仁及後世關石和鈞王府則有荒墜厥緒覆宗絕祀金鐵曰石供民器用通之使和平則官民足言古制存而太康失其業以取亡其五曰嗚呼曷歸予懷之悲曷何也言思而悲萬姓仇予予將疇依仇怨也言當依誰以復國乎鬱陶乎予心顏厚有忸怩鬱陶言哀思也顏厚色愧忸怩心慙慙愧於仁人賢士弗慎厥德雖悔可追言人君行已不慎其德以速滅敗雖欲改悔其可追及乎言無益

胤征第四古文作胄徭　夏書　孔氏傳

羲和湎淫廢時亂日羲氏和氏世掌天地四時之官自唐虞至三代世職不絕承太

叙 仲康規模庶幾中興但羲和據邑猶費徂征其他恢拓或尚難爾亦安知王靈不自是振惜在位不久耳

誓 明徵定保此聖人之謨訓徵如庶徵之徵謂明察上天之徵以定保邦之道嗣征援此一語以為綱 先王克謹以下即明徵定保之事

康之後沈湎於酒過差非度廢天時亂甲乙胤往征之作胤征胤國之君受王命往征之

胤征奉辭罰罪曰征惟仲康肇位四海羿廢太康而立其弟仲康為天子胤侯命掌六師仲康命胤侯掌主六師為大司馬羲和廢厥職酒荒于厥邑舍其職官還其私邑以酒迷亂不修其業胤后承王命徂征徂往也就其私邑往討之告于眾曰嗟予有眾誓勑之聖有謨訓明徵定保徵證保安也聖人所謀之教訓為世明證所以定國安家先王克謹天戒臣人克有常憲言君能慎戒臣能奉有常法百官修輔厥后惟明明修職輔君君臣俱明每歲孟春遒人以木鐸徇于路遒人宣令之官木鐸金鈴木舌所以振文教官師相規工執藝事以諫官師眾官更相規闕百工各執其所治技藝以諫諫失常其或不恭邦有常刑言百官廢職服大刑惟時羲

證下羲和之罪

惟時羲和以下明徵定保之文

應上先王之刑

政典以下誓師之辭

前引謨訓後引政典人臣誓衆之体如此

和，顛覆厥德，顛覆言反倒。將陳羲和所犯，故先舉孟春之令犯令之誅。沈亂于酒，畔官離次，沈謂醉冥，失次位也。俶擾天紀，遐棄厥司，俶始，擾亂，遐遠也。紀謂時日，司所主也。乃季秋月朔，辰弗集于房，辰日月所會，房所舍之次。集合也。不合即日食可知。瞽奏鼓，嗇夫馳，庶人走，凡日食，天子伐鼓於社，責上公。瞽樂官，樂官進鼓則伐之。嗇夫主幣之官，馳取幣禮天神。衆人走供救日食之百役也。羲和尸厥官，罔聞知，主其官而無聞知於日食之變異，所以罪重。昏迷于天象，以干先王之誅，闇錯天象，言昏亂之甚。干，犯也。政典曰：先時者殺無赦，政典，夏后為政之典籍，若周官六卿之治典。先時謂曆象之法，四時節氣，弦望晦朔，先天時則罪死無赦。不及時者殺無赦。不及謂曆象後天時。雖治其官，苟有先後之差，則無赦，況廢官乎。今予以爾有衆，奉將天罰，將，行也。奉王命行王誅，謂殺湎淫之身，立其賢子弟。爾

戒其過即先時之失也

戒其不及

懋同力欽承殲渠咸克

戒先後逸愛

逸書序

衆士同力王室，尚弼予欽承天子威命。以天子威命督其士衆使用命

火炎崐岡，玉石俱焚。山脊曰岡。崐山出玉。言火逸而害玉。天吏逸德，

烈于猛火。逸，過也。天王之吏爲過惡之德，其傷害天下甚於火之害玉。猛火烈矣，又烈於火。

殲厥渠魁，脅從罔治。殲，滅。渠，大。魁，帥也。指謂羲和罪人之身。其脅從距王師者，皆無治。

舊染汙俗，咸與惟新。言其餘人久染汙俗，本無惡心，皆與更新，一無所問。嗚

呼！威克厥愛，允濟；歎能以威勝所愛，則必有成功。愛克厥威，允罔功。以愛勝威，無以濟衆，信無功。

其爾衆士，懋戒哉！言當勉以用命，戒以辟義。自契至于成湯八遷，十四世凡八徙國都。湯始居

亳，從先王居，契父帝嚳都亳，湯自商丘遷焉，故曰從先王居。作帝告、釐沃。告來居治沃土。二篇皆亡。

湯征諸侯，爲夏方伯，得專征伐。葛伯不祀，湯始征之，葛國伯爵也。廢其土地山川及宗廟神祇皆不祀，湯始伐之。伐始於葛。作湯征。述始征之義也。

云

伊尹去亳適夏伊尹字氏湯進於桀既醜有夏復歸于亳醜惡其政不能用賢故退還入自北門乃遇汝鳩汝方鳩方二人湯之賢臣不期而會曰遇作汝鳩汝方言所以醜夏而還之意二篇皆亡

# 尚書卷第三



夏自太康為羿所距保還南夏以傳仲康迄于后相皆在大河之南

羿擾其都因夏民以代夏政寒浞又殺而代之皆在大河之北

至后相居帝丘為浞所滅而夏始斷又四十年少康遂復舊物云

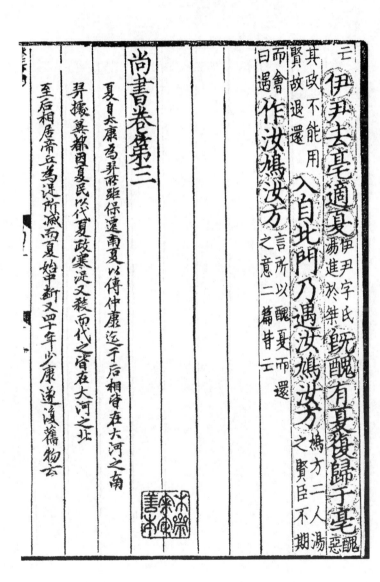

成湯興師之時是爲受命之始稱王誓衆旧說進書者非

天命

亳衆知己事之小衆知天命之大

聖人則不敢不順天

亳衆知己邑之安而

# 尚書卷第四

湯誓第一 第十 古文湯斷 商書 孔氏傳

伊尹相湯伐桀升自陑 桀都安邑湯升道從陑出其不意陑在河曲之南 遂與桀戰于鳴條之野 地在安邑之西桀逆拒湯 作湯誓 湯誓戒誓其士衆

王曰格爾衆庶悉聽朕言 契始封商湯遂以爲天下號湯稱王則比桀於一夫 非台小子敢行稱亂有夏多罪天命殛之 稱舉也舉亂以諸侯伐天子非我小子敢行此事桀有昏德天命誅之今順天 今爾有衆汝曰我后不恤我衆舍我穡事而割正夏 汝汝有衆我后桀也正政也言奪民農功而爲割剝之政 予惟聞汝衆言 不憂我衆之言 夏氏有罪予畏上帝不敢不正 不敢不正桀罪誅之 今汝其曰夏罪其如台 今汝其復言桀

不知夏衆之危

聖人則不可不救民

誓

賞

罰

惡其亦如我所聞之言夏王率遏衆力率割夏邑言桀君臣相率爲勞役之事以絶衆力謂廢農功相率割剥夏之邑居謂征賦重有衆率怠弗協曰時日曷喪予及汝皆亡衆下相率爲怠惰不與上和合比桀於日曰是日何時喪我與汝俱亡欲殺身以喪桀夏德若茲今朕必往凶德如此我必往誅之爾尚輔予一人致天之罰予其大賚汝賚與也汝庶幾輔成我我大與汝爵賞爾無不信朕不食言食盡其言僞不實爾不從誓言不用命予則孥戮汝罔有攸赦古之用刑父子兄弟罪不相及今云孥戮汝無有所赦權以脅之使勿犯湯既勝夏欲遷其社不可湯承堯舜禪代之後順天應人逆取順守而有慙德故革命創制改正易服變置社稷而後世無及句龍者故不可而止作夏社疑至臣扈言夏社不可遷之義疑至及臣扈三篇皆亡夏師敗績湯遂從之大崩

慙己德

憂後世

首原上天爲民命聖人之意

聰明

桀失君民之道

曰敗績從謂逐討之遂伐三朡俘厥寶玉三朡國名桀走保之今定陶也桀自安邑東入山出太行東南涉河湯緩追之不迫遂奔南巢俘取也玉以禮神使無水旱之災故取而寶之誼伯仲伯作典寶二臣作典寶一篇言國之常寶也

仲虺之誥第二古文作中䨻之莽　商書　孔氏傳

湯歸自夏至于大坰自三朡而還大坰地名仲虺作誥爲湯左相奚仲之後仲虺之誥仲虺臣名以諸侯相天子會同曰誥成湯放桀于南巢惟有慙德湯伐桀武功成故以爲號南巢地名有慙德慙德不及古曰予恐來世以台爲口實恐來世論道我放天子常不去口仲虺乃作誥陳義誥湯可無慙曰嗚呼惟天生民有欲無主乃亂民無君主則恣情欲必致禍亂惟天生聰明時乂言天生聰明是治民亂有夏昏德民墜塗炭夏桀

天錫湯勇智表正御君

桀失教民之道

天命湯爽師

湯德爲桀所忌

叙湯聰明勇智之德

昏亂不恤下民民之危險若陷泥墜火無救之者天乃錫王勇智，表正萬邦，纘禹舊服。言天與王勇智應爲民主儀表天下法正萬國繼禹之功統其故服茲率厥典，奉若天命。天意如此但當循其典法奉順天命而已無所慙夏王有罪，矯誣上天以布命于下。言託天以行虐於民乃桀之大罪帝用不臧，式商受命，用爽厥師。天用桀無道故不善之式用爽明也用商受主命用明其衆言爲主也簡賢附勢，寔繁有徒。簡略也賢而無勢則略之不賢有勢則附之若是者繁多有徒衆無道之世所常肇我邦于有夏，若苗之有莠，若粟之有秕。始我商家國於夏世欲見翦除若莠生苗若秕在粟恐被鋤治簸颺小大戰戰，罔不懼于非辜。矧予之德，言足聽聞。言商家小大憂危恐其非罪見滅矧況也況我之道德善言足聽聞乎無道之惡有道自然理惟王不邇聲色，不殖貨利。

中者無過不及之正理舉天下事物莫不各有自然之中民心所本具而不能自明故聖人建之以爲準焉以義制事以禮制心即建中之綱目也立之義以制天下之事使每事各得其時中至善之宜而無過不及立之禮以制天下之心使人心各循其規矩準繩之則而不偏不倚經制既立人心風俗既正雖傳之後世固有餘裕豈有來世口實之憂哉

謹終惟始謂勿失其不邇不殖改過寬仁之德殖禮覆昏謂益廣其佑輔顯

遂兼攻取侮之規欽崇永保則日新懋昭以保勇智表正之命

湯德爲人心所歸

命德討罪撥亂世而反之正

推其所以亡固其所以存

邇近也不近聲樂言清簡不近女色言貞固殖生也不生資貨財利言不貪也既有聖德兼有此行德懋懋官，功懋懋賞。用人惟己，改過不吝。勉於德者則勉之以官，勉於功者則勉之以賞，用人之言若自己出，有過則改無所吝惜，所以能成王業。克寬克仁，彰信兆民。言湯寬仁之德明信於天下。乃葛伯仇餉，初征自葛，東征西夷怨，南征北狄怨，葛伯遊行，見農民之餉於田者，殺其人奪其餉，故謂之仇餉。仇，怨也。湯爲是以不祀之罪伐之，從此後遂征無道。西夷北狄，舉遠以言，則近者著矣。曰：「奚獨後予？」怨者辭也。攸徂之民，室家相慶，曰：「徯予后，后來其蘇。」湯所往之民皆喜曰：待我君來，其可蘇息。民之戴商，厥惟舊哉！舊謂初征自葛時。佑賢輔德，顯忠遂良，賢則助之，德則輔之，忠則顯之，良則進之，明王之道。兼弱攻昧，取亂侮亡，弱則兼之，闇則攻之，亂則取之，有亡形則侮之，言正義。推亡固存，

已上釋湯懋日新
已下勉湯德自滿

懋昭以下日新之推
予聞以下自滿之證
祛其懋貴於日新
既無懋又易自滿
湯未必尔大臣忠告
目不容緩也

邦乃其昌。有亡道則推而亡之，有存道則輔而固之。王者如此，國乃昌盛。德日新，萬邦惟懷；志自滿，九族乃離。日新不懈怠，自滿志盈溢。王懋昭大德，建中于民，以義制事，以禮制心，垂裕後昆。欲王自勉，明大德，立大中之道於民，率義奉禮，垂優足之道示後世。予聞曰：能自得師者王，求賢聖而事之。謂人莫己若者亡。自多足，人莫之益，亡之道。好問則裕，自用則小。問則有得，所以足；不問專固，所以小。嗚呼！慎厥終，惟其始。靡不有初，鮮克有終。故戒慎終如其始。殖有禮，覆昏暴。有禮者封殖之，昏暴者覆亡之。欽崇天道，永保天命。王者如此上事，則敬天安命之道。

湯誥第三　商書　孔氏傳

湯既黜夏命，黜其王命。復歸于亳，作湯誥。湯誥。以伐桀大衷朱子謂即中也民受天地之中以生是也天以一理化生斯人莫不各有自然之中無過不及者付在人心故謂之降衷人受此以有生則謂之恒性達於人倫事物日用之間莫不由之則謂之猷安全之使各遂其性以由是道之中此則為后之職中庸天命之謂性率性之謂道脩道之謂教即此意

## 綏猷 一篇綱領

桀之罪 綏猷之反

天黜夏

湯承天以黜夏

義告天下 王歸自克夏至于亳誕告萬方 誕大也以天命大義告萬方之衆人 王曰嗟爾萬方有衆明聽予一人誥 天子自稱曰予一人古今同義 惟皇上帝降衷于下民 皇大上帝天也衷善也 若有恒性克綏厥猷惟后 順人有常之性能安立其道教則惟爲君之道 夏王滅德作威以敷虐于爾萬方百姓 夏桀滅道德作威刑以布行虐政於天下百官言殘酷 爾萬方百姓罹其凶害弗忍荼毒 罹被荼毒苦也不能堪忍虐之甚 並告無辜于上下神祇 言百姓兆民並告無罪稱寃訴天地 天道福善禍淫降災于夏以彰厥罪 政善天福之淫過天禍之故下災異以明桀罪惡譴審之而桀不改 肆台小子將天命明威不敢赦 行天威謂誅之 敢用玄牡敢昭告于上天神后請罪有夏 明告天問桀百姓有何罪而加

天命湯以綏猷
此責未易盡
聖心所以危懼

告諸侯　綏猷

萬方有罪蓋教之
不豫養之不遂處
之失宜皆不克綏
猷也故曰在余一人
朱子謂此意是成
湯見得

虐乎聿求元聖，與之戮力，以與爾有衆請命。聿遂也大聖陳力謂伊尹放桀除民之職是請命上天孚佑下民，罪人黜伏。孚信也天信佑助下民桀知其罪退伏遠屏天命弗僭，賁若草木，兆民允殖。僭差賁飾也言福善禍淫之道不差天下惡除煥然咸飾若草木同華民信樂生俾予一人輯寧爾邦家。言天使我輯安汝國家國諸侯家卿大夫茲朕未知獲戾于上下。此伐桀未知得罪於天地謙以求衆心慄慄危懼，若將隕于深淵。慄慄危心若墜深淵危懼之甚凡我造邦，無從匪彝，無即慆淫。戒諸侯與之更始彝常慆慢也無從非常無就慢過禁之各守爾典，以承天休。守其常法承天美道爾有善，朕弗敢蔽；罪當朕躬，弗敢自赦，惟簡在上帝之心。所以不蔽善人不赦己罪以其簡在天心故也其爾萬方有罪，在予一人。自責化不至予一人有罪無以爾萬方無用爾萬方言非所及嗚呼尚克時忱乃亦有終忱誠也庶幾能是誠道乃亦有終世之美咎單作明居咎單臣名主土地之官作明居民法一篇亡

伊訓第四　商書　孔氏傳

成湯既没太甲元年太甲太丁子湯孫也太丁未立而卒及湯没而太甲立稱元年伊尹作伊訓肆命徂后凡三篇其二亡伊訓作訓以教道大甲惟元祀十有二月乙丑伊尹祠于先王此湯崩踰月太甲即位奠殯而告奉嗣王祗見厥祖居位主喪侯甸羣后咸在在位次百官總己以聽冢宰伊尹制百官以三公攝冢宰伊尹乃明言烈祖之成德以訓于王湯有功烈之祖故稱焉曰嗚呼古有夏先后方懋

叙　先王謂玄王以下伊尹祠于先王殷礼當喪即位蓋冢宰攝祭告廟祖成湯也奉嗣王祗見厥祖蓋奠于殯宮也

訓

正　述夏后氏之盛

又 言夏桀所以亡

正 言湯所以興

太甲嗣位之初即當接續成湯之德 孝悌為立德之本自家國而可以達之天下 先王成湯亦自倫紀家國而推之以至有天下

厥德，罔有天災。先君謂禹以下少康以上賢王言能以德禳災山川鬼神亦莫不寧，莫無也言皆安之暨鳥獸魚鼈咸若。雖微物皆順之明其餘無不順于其子孫弗率，皇天降災，假手于我有命，言桀不循其祖道故天下禍災借手於我有命商王誅討之造攻自鳴條，朕哉自亳。造哉皆始也始攻桀伐無道由我始修德于亳惟我商王布昭聖武，代虐以寬，兆民允懷。言湯布明武德以寬政代桀虐政兆民以此皆信懷我商王之德今王嗣厥德，罔不在初。言善惡之由無不在初欲其慎始立愛惟親，立敬惟長，始于家邦，終于四海。言立愛敬之道始於親長則家國並化終洽四海嗚呼！先王肇修人紀，從諫弗咈，先民時若。言湯始修為人綱紀有過則改從諫如流必先民之言是順居上克明，言理恕為下克忠，事上竭誠與人不

前言先王創業後言垂統之計又官刑之訓伊尹卽此皆太甲已防其欲縱之漸勉其敬身以念

求備檢身若不及使人必器之常如不及恐有過以至于有萬邦茲惟艱哉言湯操心常危懼動而無過以至爲天子此自立之難敷求哲人俾輔于爾後嗣布求賢智使師輔於爾嗣王言仁及後世制官刑儆于有位言湯制治官刑法以儆戒百官曰敢有恒舞于宮酣歌于室時謂巫風常舞則荒淫樂酒曰酣酣歌則廢德事鬼神曰巫言無政敢有殉于貨色恒于遊畋時謂淫風殉求也昧求財貨美色常遊戲畋獵是淫過之風俗敢有侮聖言逆忠直遠耆德比頑童時謂亂風狎侮聖人之言而不行拒逆忠直之規而不納耆年有德疏遠之童稚頑嚚親比之是荒亂之風俗惟茲三風十愆卿士有一于身家必喪有一過則德義廢失位亡家之道邦君有一于身國必亡諸侯犯此國亡之道臣下不匡其刑墨具訓于蒙士邦君卿士則以爭臣自匡正臣不正君服墨刑鑿其額涅以墨蒙士例謂下士士以

官刑之訓聖謨雖屢大若徵有位之嘉言則甚明白

總三一叐承篇首叙商興亡之故而言天命之不常太甲不可恃天命之方盛又繼戒以終之以申上文愛敬終四海一從必喪亡之說

不惠

爭友僕隸自匡正

嗚呼嗣王祗厥身念哉言當敬身念祖德聖謨洋洋嘉言孔彰洋洋美善言甚明可法惟上帝不常作善降之百祥作不善降之百殃祥善也天之禍福惟善惡所在不常在一家爾惟德罔小萬邦惟慶修德無小則天下賚慶爾惟不德罔大墜厥宗苟爲不德無大言惡有類以類相致必墜失宗廟此伊尹至忠之訓肆命陳天命以戒太甲云徂后陳往古明君以戒云

## 太甲上第五

商書　孔氏傳

太甲既立不明不用伊尹之訓不明居喪之禮伊尹放諸桐湯葬地也不知朝政故曰放三年復歸于亳思庸念常道伊尹作太甲三篇太甲戒太甲故以名篇

惟嗣王不惠于阿衡阿倚衡平言不順伊尹之訓伊尹作

先王服膺存心天理不使人欲昏之常足以對越神明 指先王之心法是捄太甲之病源

先王明德受命而尹左右宅師今先王已而尹在恐太甲又恃此以自弛故又舉有夏前後君相終与罔終以勉戒之

**祗祖**繳篇首之意

**不聽**丕顯即顧諟之功俊彥者丕先王托

周當作君古文君寫為商与周字相似故誤按吳氏經說王子書疑皆云當作君

書曰先王顧諟天之明命以承上下神祇顧謂常目在之諟是也言敬奉天命以承順天地社稷宗廟罔不祇肅肅嚴也言能嚴敬鬼神而遠之天監厥德用集大命撫綏萬方監視也天視湯德集王命於其身撫安天下惟尹躬克左右厥辟宅師伊尹言能助其君居業天下之衆肆嗣王丕承基緒肆故也言先祖勤德致有天下故子孫得大承基業宜念祖修德惟尹躬先見于西邑夏自周有終相亦惟終周忠信也言身先見夏君臣用忠信有終夏都在亳西其後嗣王罔克有終相亦罔終言桀君臣滅先人之道德不能終其業以取亡嗣王戒哉祗爾厥辟辟不辟忝厥祖以不終爲戒慎之至敬其君道則能終忝辱也爲君不君則辱其祖王惟庸罔念聞言太甲守常不改無念聞伊尹之戒伊尹乃言曰先王昧爽丕顯坐以待

之以啓後人而豈墜遺命之意

戒其侈　戒其輕發　戒其不靜　戒其顛覆

**不變** 訓之非不著切至於不順又不聽又不變則

**放桐** 其說窮矣故以桐宮爲訓孟子曰有伊尹之志則

**克終** 可孟子曰古今善用權者無如伊尹善語權者無如孟子



旦爽顯皆明也言先王昧明思大明其德坐以待旦而行之旁求俊彥啓迪後人旁非一方美士曰彥開道後人言訓戒無越厥命以自覆越墜失也無失亡祖命而不勤德以自顛覆愼乃儉德惟懷永圖言當以儉爲德思長世之謀若虞機張往省括于度則釋機弩牙也虞度也度機機有度以準望言修德夙夜思之明旦行之如射先省括于度釋則中[illegible]欽厥止率乃祖攸行止謂行所安止君止於仁子止於孝惟朕以懌萬世有辭言能循汝祖所行則我喜悅王亦見歎美無窮王未克變未能變不用訓太甲性輕脫伊尹至忠所以不已伊尹曰茲乃不義習與性成言習行不義將成其性予弗狎于弗順營于桐宮密邇先王其訓無俾世迷狎近也經營桐墓立宮令太甲居之近先王則訓於義無成其過不使世人迷惑怪之王徂桐宮居憂往入桐宮居憂位克終允德言

復辟

伊尹奉迎慶懽之辭

本謂民不可無君爾而對舉君民相須之義蓋言言敬言戒也

太甲悔艾資助之辭

不明于德此是病源正與伊尹所述先王顧諟至盡者相反

（思念其祖終其信德）

太甲中第六　商書　孔氏傳

惟三祀十有二月朔（湯以元年十一月崩至此二十六月三年服闋）伊尹以冕服奉嗣王歸于亳（冕冠也踰月即吉服）作書曰民非后罔克胥匡以生（無能相匡故須君以生）后非民罔以辟四方（須民以君四方）皇天眷佑有商俾嗣王克終厥德實萬世無疆之休（言王能終其德乃天之顧佑商家是商家萬世無窮之美）王拜手稽首曰予小子不明于德自底不類（君而稽首於臣謝前過類善也闇於德故自致不善）欲敗度縱敗禮以速戾于厥躬（速召也言己放縱情欲毀敗禮儀法度以召罪於其身）天作孽猶可違自作孽不可逭（孽災逭逃也言天災可避自作災不可逃）

初誥伊尹初告曰惟明后下篇申告以惟明明后皆告以明之方太甲一節頓異今雖自悔豈能遽孚于天下亦反求諸身自脩而已自脩之實既至則自協于民心如先王實意在民民心自洽孚悅○兄事但視先王爲法孝敬即前篇立愛立敬之意聰明見遠大聽德言則聰明自開前篇皆此意

既往背師保之訓弗克于厥初尚賴匡救之德圖惟
厥終言己已往之前不能修德於其初今庶幾藉教訓之德謀終於善悔過之辭伊尹拜
手稽首拜手首至手曰脩厥身允德協于下惟明后言修其身
使信德合於羣下惟乃明君先王子惠困窮民服厥命罔有不悅
言湯子愛困窮之人使皆得其所故民心服其教令無有不忻喜並其有邦厥鄰乃
曰徯我后后來無罰湯俱與鄰並有國鄰國人乃曰待我君來言忻戴君來無罰言
仁惠王懋乃德視乃厥祖無時豫怠言當勉修其德法視其祖而行之無
爲是逸豫怠惰奉先思孝接下思恭以念祖德爲孝以不驕慢爲恭視遠惟
明聽德惟聰言當以明視遠以聰聽德朕承王之休無斁王所行如此則
我承王之美無厭

申誥

篇首三言伊訓及上篇之首皆是此意理一而已伊尹非不言但太甲前迷而今悟爾

湯德配天之盛勉太甲與治同道固未易躐進必自下迩

# 太甲下第七　商書　孔氏傳

伊尹申誥于王曰嗚呼惟天無親克敬惟親言天於人無有親疏惟親能敬身者民罔常懷懷于有仁民所歸無常以仁政為常鬼神無常享享于克誠言鬼神不保一人能誠信者則享其祀天位艱哉言居天子之位難以此三者德惟治否德亂為政以德則治不以德則亂與治同道罔不興與亂同事罔不亡言安危在所任治亂在所法終始慎厥與惟明明后明慎其所與治亂之機則為明王明君先王惟時懋敬厥德克配上帝言湯惟是終始所與之難勉修其德能配天而行之今王嗣有令緒尚監茲哉令善也繼祖善業當夙夜庶幾視祖此配天之德而法之若升高必自下若陟遐必自邇言善政有漸如登高升遠必用下近為始然後終致高遠無輕

終始謹厥與

治古文作乿

亂古文作𤔔

古文前後並同

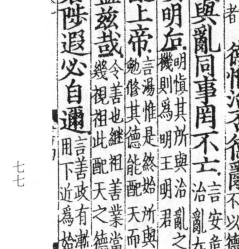

重民事 防危乱 謹終微 下忠邪 皆自古之事

又示可季男進 必致知 必力行

章末与治同道爰 因及臣事伊尹 盖自謂也

純誠不變為一德

民事惟難（無輕爲力役之事必重難之乃可）無安厥位惟危（言當常自危懼以保其位）愼終于始（於始慮終於終思始）有言逆于汝心必求諸道（人以言咈違汝心必以道義求其意勿拒逆之）有言遜于汝志必求諸非道（遜順也言順汝心必以非道察之勿以自臧）嗚呼弗慮胡獲弗爲胡成一人元良萬邦以貞（胡何貞正也言常念慮道德則得道德念爲善政則成善政一人天子天子有大善則天下得其正）君罔以辯言亂舊政（利口覆國家故特愼焉）臣罔以寵利居成功（成功不退其志無限故爲之極以安之）邦其永孚于休（言君臣各以其道則國長信保於美）

元良大善謂与先王同道

## 咸有一德第八　商書　孔氏傳

伊尹作咸有一德（言君臣皆有純一之德以戒太甲）咸有一德（即政之後

師也而制行不同不可拘一定之師惟在於主其善而已天下之理無善也而隨時取中則又不可拘一定之主所以參會考比之者則在此心之克一焉蓋古今德行或柔或剛或正直或無爲或勤勞在我不可拘一定之法必擇其善者而從之所謂審其是也然善無定主均一事也或施之彼時則爲是而今日則爲非均一節也或用之此事則爲非而彼事則爲是者此聖門所謂時中所以考比參同之者非純誠有定之心豈能精擇而不差也哉此所以貴於一德也

太甲既已克終厥德但欲其有常而不變則進脩功効自至

首言天命以德之一不一爲存亡

桀以不一爲天所亡 朱子曰常与庸皆一也

商以一德爲天所命

總 以德之一與不一取與亡於天總之

（恐其不一故以戒之）伊尹既復政厥辟（還政太甲）將告歸乃陳戒于德（告老歸邑陳德以戒）曰嗚呼天難諶命靡常（以其無常故難信）常厥德保厥位厥德匪常九有以亡（人能常其德則安其位九有諸侯桀不能常其德湯伐而兼之）夏王弗克庸德慢神虐民（言桀不能常其德不敬神明不恤下民）皇天弗保監于萬方啓迪有命（言天不安桀所爲廣視萬方有天命者開道之）眷求一德俾作神主（天求一德使代桀爲天地神祇之主）惟尹躬暨湯咸有一德克享天心受天明命（享當也所征無敵謂之受天命）以有九有之師爰革夏正（爰於也於得九有之衆遂伐夏勝之改其正）非天私我有商惟天佑于一德（非天私商而王之佑助一德所以王）非商求于下民惟民歸于一德（非商以力求民民自歸於一德）德惟一

勉太甲以一德之功
既勉君之一德
又求臣之一德
總君臣咸有一德
極言修德擇善至一而協
推言一德之效終上文
保厥位之意



動罔不吉，德二三，動罔不凶。二三，言不一。惟吉凶不僭在人，惟天降災祥在德。行善則吉，行惡則凶，是不差。德一，天降之善；不一，天降之災。是在德。今嗣王新服厥命，惟新厥德。其命，王命。新其德，戒勿怠。終始惟一，時乃日新。言德行終始不衰殺，是乃日新之義。任官惟賢材，左右惟其人。官賢才而任之，者賢才不可任。選左右必忠良，不忠良非其人。臣爲上爲德，爲下爲民。言臣奉上在德，順下訓民，不可官所私，任非其人。其難其慎，惟和惟一。其難無以爲易，其慎無以輕之，羣臣當和一心以事君，政乃善。德無常師，主善爲師。德非一方，以善爲主，乃可師。善無常主，協于克一。言以合於能一爲常德。俾萬姓咸曰：「大哉王言。」一德之言，故曰大。又曰：「一哉王心。」能一德則心一。克綏先王之祿，永底烝民之生。言爲王而令萬姓如此，則能保安先王之寵祿，長致

總徵戒以終之一德無始終之間亦不可有衆寡小大之間

衆民所以自生之道是明王之事嗚呼七世之廟可以觀德天子立七廟有德之王則爲祖宗其廟不毀故可觀德萬夫之長可以觀政能整齊萬夫其政可知后非民罔使民非后罔事君以使民自尊民以事君自生無自廣以狹人匹夫匹婦不獲自盡民主罔與成厥功上有狹人之心則下無所自盡矣言先盡其心然後乃能盡其力人君所以成功

沃丁既葬伊尹于亳沃丁太甲子伊尹既致仕老終以三公禮葬咎單遂訓伊尹事訓暢其所行功德之事作沃丁咎單忠臣名作此篇以戒也亡

伊陟相太戊伊陟伊尹子太戊沃丁弟之子亳有祥桑穀共生于朝祥妖怪二木合生七日大拱不恭之罰伊陟贊于巫咸作咸乂四篇贊告也巫咸臣名皆亡太戊贊于伊陟告以改過自新作伊陟原命原臣名原命伊陟二篇皆亡仲丁遷于

囂太戊子去亳囂地名作仲丁陳遷都之義亡河亶甲居相仲丁弟相地名在河北作河亶甲亡祖乙圮于耿亶甲子圮於相遷於耿河水所毀曰圮作祖乙亡

尚書卷第四

五邦 亳 囂 相 耿 邢

左氏傳引書作盤庚之誥
上篇欲遷之前
殷在河南偃師是謂西亳 商始稱殷

首章諭民

# 尚書卷第五

盤庚上第九　商書　孔氏傳

盤庚五遷將治亳殷自湯至盤庚凡五遷都盤庚治亳殷民咨胥怨胥相也民不欲徙乃咨嗟憂愁相與怨上作盤庚三篇盤庚盤庚殷王名殷質以名篇

盤庚遷于殷亳之別名民不適有居適之也不欲之殷有邑居率籲衆慼出矢言籲和也率和衆憂之人出正直之言曰我王來既爰宅于茲我王祖乙此耿爰於也言祖乙已居於此重我民無盡劉劉殺也所以遷此重我民無欲盡殺故不能胥匡以生卜稽曰其如台言民不能相匡以生則當卜考於龜以徙曰其如我所行先王有服恪謹天命茲猶不常寧先王有所服行敬謹天命如此尚不常安有可遷輒遷不常厥邑于今五邦湯遷亳仲丁遷囂河亶甲

居相祖乙居耿我往居亳凡五徙國都今不承于古罔知天之斷命今不承古
而徙是無知天將斷絕汝命矧曰其克從先王之烈天將絕命尚無知之況能
從先王之業乎若顛木之有由蘖言今往遷都更求昌盛如顛仆之木有用生蘖哉
天其永我命于茲新邑言天其長我命於此新邑不可不徙紹復先王
之大業厎綏四方言我徙欲如此盤庚斅于民由乃在位以
常舊服正法度斅教也教人使用汝在位之命用常故事正其法度曰無或敢
伏小人之攸箴言無有敢伏絕小人之所欲箴規上者戒朝臣王命眾悉至于
庭眾群臣以下王若曰格汝眾予告汝訓告汝以法教汝猷黜
乃心無傲從康謀退汝違上之心無傲慢從心所安古我先王亦惟圖
任舊人共政先王謀任久老成人共治其政王播告之修不匿厥指王布

民之不欲遷者皆在位者訹之其言欲遷者又在位者蔽之故敎民由乃在位正其源也曰無或敢伏小人之攸箴防其蔽也

以下喻臣

黜乃心傲上從康

舊人謂世家在位之人

商自沃丁以來比九世亂其羣臣故家習為驕蹇又利瀕河之利無敖從康蓋藥其心病

播古文作譒

先王並舊人承命並辭
今汝在位起信险膚
若網 無傲上
若農 無從康
中言从康之害
中言傲上之禍

告人以所修之政不匿其指王用丕欽罔有逸言民用丕變王用大敬其政教無有逸豫之言民用大變從化今汝聒聒起信險膚予弗知乃所訟聒聒無知之貌起信險偽膚受之言我不知汝所訟言何謂非予自荒茲德惟汝含德不惕予一人予若觀火我之欲徙非廢此德汝不從我命所含惡德但不畏懼我耳我視汝情如視火予亦拙謀作乃逸逸過也我不威脅汝徙是我拙謀成汝過若網在綱有條而不紊若農服田力穡乃亦有秋紊亂也穡耕稼也下之順上當如網在綱各有條理而不亂也農勤穡則有秋下承上則有秋汝克黜乃心施實德于民至于婚友丕乃敢大言汝有積德汝羣臣能退汝違叔之心施實德於民至于婚姻僚友則我大乃敢言汝有積德之臣乃不畏戎毒于遠邇惰農自安不昬作勞不服田畝越其罔有黍稷戎大昬強越於也言不欲徙則是不

章内中起信险
膚之説

畏大毒於遠近如怠惰之農苟自安逸不強作勞於田畝則黍稷無所有汝不和吉言于百姓惟汝自生毒責公卿不能和喻百官是自生毒害乃敗禍姦宄以自災于厥身言汝不相率共從是為敗禍姦宄以自災之道乃旣先惡于民乃奉其恫汝悔身何及群臣不欲徙是先惡於民恫痛也不徙則禍毒在汝身徙奉持所痛而悔之則於身無所及相時憸民猶胥顧于箴言其發有逸口矧予制乃短長之命言憸利小民尚相顧於箴誨恐其發動有過口之患況我制汝死生之命而汝不相教從我是不若小民汝曷弗告朕而胥動以浮言恐沈于衆何曷也責其不以情告上而相恐動以浮言不徙恐汝沈溺於衆有禍害若火之燎于原不可嚮邇其猶可撲滅火炎不可嚮近尚可撲滅浮言不可信用尚可刑戮絕之則惟汝衆自作弗靖非予有咎我刑戮汝非我咎也靖謀也是汝自為非謀所致遲任有

申言舊人之故以覚羣臣之過而告勉之盤庚固不敢輕於用罰以加在位然福善禍淫之公亦非可得而私者故自此至篇末申明賞罰之說

無从康
無傲上

言曰人惟求舊器非求舊惟新遲任古賢言人貴舊器貴新汝不從是不貴舊古我先王暨乃祖乃父胥及逸勤予敢動用非罰言古之君臣相與同勞逸子孫所宜法之我豈敢動用非常之罰脅汝乎世選爾勞予不掩爾善選數也言我世世數汝功勤不掩蔽汝善是我忠於汝茲予大享于先王爾祖其從與享之古者天子錄功臣配食於廟大享烝嘗也所以不掩汝善作福作災予亦不敢動用非德善自作福惡自作災我不敢動用非罰加汝非德賞汝乎從汝善惡而報之予告汝于難若射之有志告汝行事之難當如射之有所準志必中所志乃善汝無侮老成人無弱孤有幼不用老成人之言是侮慢之不從則孤幼受害是弱易之各長于厥居勉出乃力聽予一人之作猷盤庚勅臣下各思長於其居勉盡心出力聽從遷徙之謀無有遠邇用

總篇内康傲險浮之戒以警之

中篇遷徙之際

中篇之語諭民爲詳蓋遷徙之際民尓勞止或有一毫動於浮言者

罪伐厥死用德彰厥善言遠近待之如一罪以懲之使勿犯伐去其死道德以明之使勸慕競爲善邦之臧惟汝衆有善則衆臣之功邦之不臧惟予一人有佚罰佚失也是己失政之罰罪己之義凡爾衆其惟致告致我誠告汝衆自今至于後日各恭爾事齊乃位度乃口奉其職事正齊其位以法度居汝口勿浮言罰及爾身弗可悔不從我謀罰及汝身雖悔可及乎

## 盤庚中第十　商書　孔氏傳

盤庚作惟涉河以民遷爲此南渡河之法用民徙乃話民之弗率誕告用亶其有衆話善言民不循教發善言大吉用誠於衆咸造勿褻在王庭造至也衆皆至王庭無褻慢盤庚乃登進厥民升進命使前曰明

首明先王君民相躰一篇大意

先王遷都無非体民

今日之遷本是体民

民不体君祗以自誤

聽朕言無荒失朕命。（荒廢）嗚呼古我前后罔不惟民之承（言我先世賢君無不承安民而恤之）保后胥慼鮮以不浮于天時。（民亦安君之政相與憂行君令浮行也少以不行於天時者言皆行天時）殷降大虐先王不懷（我勢家於天降大災則先王不思故居而行徙）厥攸作視民利用遷（其所為視民有利則用徙）汝曷弗念我古后之聞。（古后先王之聞謂遷事）承汝俾汝惟喜康共非汝有咎比于罰。（今我法先王惟民之承故承汝使汝徙惟與汝共喜安非謂汝有惡徙汝令比近於殃罰）予若籲懷茲新邑亦惟汝故。以丕從厥志。（言我順和懷此新邑欲利汝衆故大從其志而徙之）今予將試以汝遷安定厥邦。（試用）汝不憂朕心之攸困。（所困不順上命）乃咸大不宣乃心欽念以忱動予一人（汝皆大不布腹心敬念以誠感動我）

今我躬民亦体先王之意

是汝不盡忠爾惟自鞠自苦鞠窮也言汝爲臣不忠自取窮苦若乘舟汝弗濟臭厥載言不徙之害如舟在水中流不渡臭敗其所載物爾忱不屬惟胥以沈不其或稽自怒曷瘳汝忠誠不屬逮古苟不欲徙相與沈溺不考之先王禍至自怒何瘳差乎汝不謀長以思乃災汝誕勸憂汝不謀長乆之計思汝不徙之災苟不欲徙是大勸憂之道今其有今罔後汝何生在上言不徙無後計汝何得乆生在人上禍將及汝今予命汝一無起穢以自臭我一心命汝汝違我是自臭敗恐人倚乃身迂乃心言汝既不欲徙又爲他人所誤倚曲迂僻予迓續乃命于天予豈汝威用奉畜汝衆迓迎也言我徙欲迎續汝命于天豈以威脅汝乎用奉畜養汝衆予念我先神后之勞爾先予丕克羞爾用懷爾然言我亦法湯大能進勞汝以義懷汝心而汝違我是

君不𢧵民之罪

民不𢧵君之罪商俗尚鬼故盤庚因其所尚以警之

言君民相休之久以重明民不𢧵君之罪

此節言臣不𢧵君

汝一反先人失于政陳于茲高后丕乃崇降罪疾曰曷虐朕民。崇重也今既失政而陳久於此而不徙湯必大重下罪疾於我曰何爲虐我民而不徙乎汝萬民乃不生生暨予一人猷同心。不進進謀同心從先后丕降與女罪疾曰曷不暨朕幼孫有比。言非但罪我亦將罪汝幼孫盤庚自謂比同心故有爽德自上其罰汝汝罔能迪。湯有明德在天見汝情下罰汝汝無能道言無辭古我先后既勞乃祖乃父。勞之共治人汝共作我畜民汝有戕則在乃心。戕殘也汝共我治民有殘人之心而不欲徙是反父祖之行我先后綏乃祖乃父乃祖乃父乃斷棄汝不救乃死。言我先王安汝父祖之忠今汝不忠汝父祖必斷絕棄汝命不救汝死茲予有亂政同位具乃貝玉。亂治也此我有治政之臣同位於父祖不念盡忠但念具貝玉而

躬民之罪

勉其躬君

分石經作比

設石經作翕

蹔一時在道之禁

勉悠久定居之計

已言其貪乃祖先父丕乃告我高后曰作丕刑于朕孫言汝父祖見汝貪而不忠必大乃告湯曰作大刑於我子孫求討不忠之罪迪高后丕乃崇降弗祥言汝父祖開道湯大重下不善以罰汝陳忠孝之義以督之嗚呼今予告汝不易凡所言皆不易之事永敬大恤無胥絕遠長敬我言大憂行之無相與絕遠棄廢之汝分猷念以相從各設中于乃心羣臣當分明相與謀念和以相從各設中正於汝心乃有不吉不迪不善不道謂凶人顛越不恭暫遇姦宄顛隕越墜也不恭不奉上命暫遇人而劫奪之爲姦於外爲宄於內我乃劓殄滅之無遺育無俾易種于茲新邑劓割育長也言不吉之人當割絕滅之無遺長其類無使易種於此新邑往哉生生今予將試以汝遷永建乃家自今已往進進於善我用以汝徙長立汝家卿大夫稱家

下篇定遷之後

諭民

降凶德者謂消其昏墊沉溺之疾杜其驕奢淫侈之風

今日之遷非我勞民蓋天意將復我祖德以治於我國家

盤庚下第十一　商書　孔氏傳

盤庚既遷，奠厥攸居，乃正厥位。定其所居，正郊廟朝社之位。綏爰有衆，曰：無戲怠，懋建大命。安於有衆，戒無戲怠，勉立大教。今予其敷心腹腎腸，歷告爾百姓于朕志。布心腹，言輸誠，於百官以告志。罔罪爾衆，爾無共怒，協比讒言予一人。羣臣前有此過，故禁其後。今我不罪汝，汝勿共怒我，合比凶人而妄言。古我先王將多于前功，言以遷徙多大前人之功美。適于山，用降我凶德，嘉績于朕邦。從必依山之險，無城郭之勞。下去凶惡之德，立善功於我國。今我民用蕩析離居，罔有定極。水泉沈溺，故蕩析離居，無安定之極，徙以爲之極。爾謂朕曷震動萬民以遷？言皆不明已本心。肆上帝將復我高祖之德，亂越我家。以徙故天將復

六百

而我及奉承之尒

賁大業也

諭臣

湯德治理於我家朕及篤敬恭承民命用永地于新邑言我當與厚敬之臣奉承民命用長居新邑肆予沖人非廢厥謀弔由靈沖童童人謙也弔至靈善也非廢謂動謀於衆至用其善各非敢違卜用宏茲賁宏賁皆大也君臣用謀不敢違小用大此遷都大業嗚呼邦伯師長百執事之人尚皆隱哉國伯二伯及州牧也衆長公卿也言當庶幾相隱括共爲善政予其懋簡相爾念敬我衆簡大相助也勉大助汝念敬我衆民朕不肩好貨敢恭生生鞠人謀人之保居敘欽肩任也我不任貪貨之人敢奉用進進於善者人之窮困能謀安其居者則我式序而敬之今我既羞告爾于朕志若否罔有弗欽已進告汝之後順於汝心與否當以情告我無敢有不敬無總于貨寶生生自庸無總貨寶以求位當進進皆自用功德式敷民德永肩一心用布示民必以德義長任

亮陰 當作梁闇天子居喪之次也大夫士居倚廬謂於中門外東墻下倚木為廬諸侯加圍障天子又加梁楣

羣臣諫

高宗荅 恭者敬身以處默 思者不言而思思道

一心以事君

# 說命上第十二　商書　孔氏傳

高宗夢得說盤庚弟小乙子名武丁德高可尊故號高宗夢得賢相其名曰說使百工營求諸野得諸傅巖使百官以所夢之形象經營求之於外野得之於傅巖之谿作說命三篇命說為相使攝政

說命始求得而命之王宅憂亮陰三祀陰默也居憂信默三年不言既免喪其惟弗言除喪猶不言政羣臣咸諫于王曰嗚呼知之曰明哲明哲實作則知事則為明智明智則能制作法則天子惟君萬邦百官承式天下待令百官仰法王言惟作命不言臣下罔攸稟令稟受令亦命也王庸作書以誥曰用臣下怪之故作誥以台正于四方台恐德弗類茲故弗言類善

者想無道躬為如
何無高宗溫尋處
求說
得說
命說之言

也我正四方恐德不善此故不言恭默思道夢帝賚予良弼其代予言
夢天與我輔弼良佐將代我言政教乃審厥象俾以形旁求于天下審所夢之
人刻其形象以四方旁求之於民間說築傅巖之野惟肖傅氏之巖在虞虢之界通道所
經有澗水壞道常使胥靡刑人築護此道說賢而隱代胥靡築之以供食肖似似所夢之形爰立作相
王置諸其左右於是禮命立以為相使在左右命之曰朝夕納誨以輔
台德言當納諫誨直辭以輔我德若金用汝作礪鐵須礪以成利器若濟
巨川用汝作舟楫渡大水待舟楫若歲大旱用汝作霖雨霖三
日雨霖以救旱啓乃心沃朕心若藥弗瞑眩厥疾弗瘳開汝心以
沃我心如服藥必瞑眩極其病乃除欲其出切言以自警若跣弗視地厥足用傷跣必
視地足乃無害言欲使為己視聽惟暨乃僚罔不同心以匡乃辟與汝並官

孔子曰思而不學則殆又曰吾嘗終日夜以思無益不如學也高宗思之之功固至於磨礪相濟涵養之無助則
心勞而無益若金蓋思有所未快自以為鈍而資其礪也若濟巨川蓋思而未能達道自覺其險而資其濟也
若歲大旱蓋思慮有待於心枯而無滋養之助自覺其渴而資其澤也故又總以啓乃心沃朕心言之若藥之喻謂
言不直則己之宿疾不除若跣之喻謂知不明則行必有所不安皆用工之語非泛喻也

說對 高宗平日夫唯在於思圖是大本然終亦獨學之偏故傅說
從諫 首以從諫則聖告之卽取人爲善內外交進工夫圓成矣

中篇傅說承總官之命因陳立賢出政之理

推原
此篇以憲天聰明爲主其下歷舉憲天之目

皆當倡率無不同心以匡正汝君俾率先王迪我高后以康兆民。言匡正汝君使循先王之道蹈成湯之蹤以安天下嗚呼欽予時命其惟有終。敬我是命修其職使有終說復于王曰惟木從繩則正后從諫則聖。言木以繩直君以諫明后克聖臣不命其承君能受諫則臣不待命其承意而諫之疇敢不祗若王之休命。言王如此誰敢不敬順王之美命而諫者乎

## 說命中第十三　商書　孔氏傳

惟說命總百官在冢宰之任乃進于王曰嗚呼明王奉若天道建邦設都。天有日月北斗五星二十八宿皆有尊卑相正之法言明王奉順此道以立國設都樹后王君公承以大夫師長。言立君臣上下將陳爲治之本故先舉其始不惟逸豫惟以亂民。不使有位者逸豫民上言立之主使治民惟天聰明惟

此四者政令刑賞之大
者甲冑與兵皆衛也干
戈以兵伐人也重言之
者高宗天資英毅傳
說蓋慮其輕於用武
○篇首言君臣俱有治
民之責雖本原在君
而擇官亦不可不謹
故又轉官爵一節
○第四節以慮善惟
時為主慮事審其是
而後可動動必當其
時而后中節有其善
則自滿而善不繼無
其防則或時至而動
不及啓寵防不善之
動恥過則遂失攸居
止於至善之謂也黷
祀亦未盡善之事也
因及高宗之[illegible]

聖時憲惟臣欽若惟民從乂憲法也言聖王法天以立教臣敬順而奉之民以從上爲
治惟口起羞惟甲冑起戎甲鎧冑兜鍪也言不可輕教令易用兵惟衣裳
在笥惟干戈省厥躬言服不可加非其人兵不可任非其才王惟戒茲
允茲克明乃罔不休言王戒慎此四惟之事信能明政乃無不美惟治亂在
庶官言所官得人則治失人則亂官不及私昵惟其能不加私昵惟能是官
爵罔及惡德惟其賢言非賢不爵慮善以動動惟厥時非善非時不可動
有其善喪厥善矜其能喪厥功雖天子亦必讓以得之惟事事
乃其有備有備無患事事非一事無啓寵納侮開寵非其人則納侮
之無恥過作非恥過誤而文之遂成大非惟厥攸居政事惟醇其所
居行皆如所言則王之政事醇粹黷于祭祀時謂弗欽禮煩則亂事

說之言自他人觀之若散而無統惟高宗善思故知其味。知而后可行　知為先　高宗之已得
知易而行難　行為重　傅說之責難

神則難。祭不欲數，數則黷，黷則不敬。事神禮煩則亂，而難行。高宗之祀特豐數近廟，故說因以戒之。王曰：旨哉！說乃言惟服。旨，美也。美其所言，皆可服行。乃不良于言，予罔聞于行。汝若不善於所言，則我無聞於所行之事。說拜稽首曰：非知之艱，行之惟艱。言知之易，行之難，以勉高宗。王忱不艱，允協于先王成德。王心誠不以行之為艱，則信合於先王成德。惟說不言有厥咎。王能行善而說不言，則有其咎罪。

下篇傳說承資李之命故陳為學之方
甘盤高宗初年相也其後復政遂引再三求之弗老不邑

## 說命下第十四　商書　孔氏傳

王曰：來，汝說！台小子舊學于甘盤。學先王之道。甘盤，殷賢臣有道德者。既乃遯于荒野，入宅于河。既學而中廢業，遯居田野。河，洲也。其父欲使高宗知民之艱苦，故使居民間。自河徂亳，暨厥終罔顯。自河往居亳，與今其終，故遂無

斆學之道貴擇乎
中微遍不支則學術
自是偏矣交修者
適中之謂也

多聞講事　待行
考迹以觀其用
古訓有獲　前言
察言以求其心
惟學遜志時敏來懷積
惟斆　念學罔覺

顯明之德爾惟訓于朕志言汝當教訓於我使我志通達若作酒醴爾惟麴糵酒醴須麴糵以成亦言我須汝以成若作和羹爾惟鹽梅鹽鹹梅醋羹須鹹醋以和之爾交修予罔予棄予惟克邁乃訓交非一之義邁行也言我能行汝教說曰王人求多聞時惟建事學于古訓乃有獲三者求多聞以立事學於古訓乃有所得事不師古以克永世匪說攸聞事不法古訓而以能長世非說所聞言無是道惟學遜志務時敏厥修乃來學以順志務是敏疾其德之修乃來允懷于茲道積于厥躬信懷此學志則道積於其身惟斆學半念終始典于學厥德修罔覺斆教也教然後知所因是學之半終始常念學則其德之修無能自覺監于先王成憲其永無愆愆過也視先王成法其長無過其惟學乎惟說式克欽承旁招俊乂列于庶位言三

斆學半此答高宗舊學之意也高宗恭默思道之功得諸甘盤之所斆但於講明格致之功尚欠耳此學之半也傅說今已勉之多聞古訓講明格致至於道積厥躬可謂盛矣若於旧學思之之功終始接續而所思主於所學即思學益進思而學則所思者益實學而思則所學者益妙此德之修所以罔覺蓋忽不自知其入於聖人之域矣故證諸先王体用全備而無一不符合也

伊尹之書存者五篇傅說三篇伊尹爲太甲言故其書明白傅說爲高宗言故其書深奧伊尹之書讀者猶易見傅說之言非用工深者未易見也 一德之書伊尹之絶筆太甲進德至是已高故其書亦未易看

乃風下布治化
惟聖上成君德
伊尹
俾后堯舜中惟聖之喻
恥一不獲中乃風之喻
傅說
紹辟先王終惟聖之喻
綏民終乃風之喻
敢對揚休命
傅說兩任其責

能志學說亦用能敬承王志廣招俊乂使列衆官王曰嗚呼說四海之內咸仰朕德時乃風風教也使天下皆仰我德是汝教股肱惟人良臣惟聖手足具乃成人有良臣乃成聖昔先正保衡作我先王保衡伊尹也作起正長也言先王長官之臣乃曰予弗克俾厥后惟堯舜其心愧恥若撻于市言伊尹不能使其君如堯舜則恥之若見撻于市故成其能一夫不獲則曰時予之辜伊尹見一夫不得其所則以爲己罪佑我烈祖格于皇天言以此道左右成湯功至大天無能及者爾尚明保予罔俾阿衡專美有商汝庶幾明安我事則與伊尹同美惟后非賢不乂惟賢非后不食言君須賢治賢須君食其爾克紹乃辟于先王永綏民能繼汝君於先王長安民則汝亦有保衡之功說拜稽首曰敢對揚天子之休命對荅也荅受美命而稱揚之

惟先格王心然後正其事之失

格王

正事

高宗肜日第十五　商書　孔氏傳

高宗祭成湯有飛雉升鼎耳而雊耳不聰之異雊鳴祖己訓諸王賢臣也以訓道諫王作高宗肜日高宗之訓所以訓也亡

高宗肜日祭之明日又祭殷曰肜周曰繹越有雊雉於肜日有雉異祖己曰惟先格王正厥事言至道之王遭變異正其事而異自消乃訓于王曰惟天監下民典厥義祖己既言遂以道訓諫王言天視下民以義為常降年有永有不永非天夭民民中絕命言天之下年與民有義者長無義者不長非天欲夭民民自不修義以致絕命民有不若德不聽罪天既孚命正厥德不順德言無義不服罪不改修天已信命正其德謂有永有不永乃曰其如台祖己恐王未受其言故乃復曰天道其如我所言嗚呼王司敬民罔非天胤典祀無豐于昵胤嗣昵近也歎

此篇首稱高宗肜日終言無豐于昵高宗廟號也似謂高宗之廟昵近廟也似是祖庚繹于高宗之廟然高宗名臣不聞祖己乃訓于王似告為君書序大誤惟史記謂此書作於祖庚之時為得之而其說又不分明

肜古文作彤繹也

受都朝歌，今衞州；黎，今潞州黎城，於衞亦有黎陽，則戡黎之師於受都已迫矣。才老謂是武王伐受時，蓋以祖伊辭氣爲甚迫也，然亦當是觀兵之時歟。

西伯武王也。武王襲爵以後，未克商以前，商人稱之，固西伯也。故五峰大紀、呂成公、陳少南、薛季龍皆謂武王，旧說文王失之矣。

以感王入其言。王者主民，當敬民事，民事無非天所嗣常也。祭祀有常，不當特豐於近廟，欲王因異服罪改修之也。

# 西伯戡黎第十六　商書　孔氏傳

殷始咎周，咎，惡。周人乘黎。乘，勝也。所以見惡。祖伊恐，祖己後賢臣。奔告于受，受，紂也，音相亂。帝乙之子，嗣立，暴虐無道。作西伯戡黎。戡亦勝也。

西伯既戡黎，近王圻之諸侯，在上黨東北。祖伊恐，奔告于王曰：天子，天既訖我殷命。文王率諸侯以事紂，内秉王心，紂不能制，今又克有黎國，迫近王圻，故知天已畢訖殷之王命。格人元龜，罔敢知吉。至人以人事觀殷，大龜以神靈考之，皆無知吉。非先王不相我後人，惟王淫戲用自絕。非先祖不助子孫，以王淫過戲怠，用自絕於先王。故天棄我，不有康食，不虞天性，不迪率典。以紂自絕於先王，故天亦棄之，宗廟不有安食於天下，而王不度知天性命所在，而所行不蹈循常法，言多罪。今

天棄殷

民棄殷

受不悛

父師 箕子

少師 比干

祖伊奔告本為戡黎然其言在於警受而初不及於西周微子作誥固謀自靖然

其言在於嘆受之必亡而未嘗慮周之必興估則觀殷人之辭而周之德可知矣

我民罔弗欲喪，曰天曷不降威，大命不摯，今王其如台。摯，至也。民無不欲王之亡，言天何不下罪誅之，有大命宜王者，何以不至，王之凶害其如我所言。王曰：嗚呼！我生不有命在天。言我生有壽命在天，民之所言豈能害我，遂惡之辭。祖伊反曰：嗚呼！乃罪多參在上，乃能責命于天。反報紂也。言汝罪惡衆多，參列於上天，天誅罰汝，汝能責命於天拒天誅乎。殷之即喪，指乃功，不無戮于爾邦。言殷之就亡，指汝功事所致，汝不得無死戮於殷國，必將滅亡立可待。率律 摯至

微子第十七　商書　孔氏傳

殷既錯天命，錯，亂也。微子作誥父師少師。告二師而去紂。微子。微，圻內國名。子，爵。為紂卿士，去無道。微子若曰：父師、少師！父師，太師，三公，箕子也。少師，孤卿，比干。微子以紂距諫，知其必亡，順其事而言之。殷其弗或亂正四方。或，有也。言殷其不有治正四方之事，將必亡。

首章論受之必亡

次章言己之欲去欲處不可採欲迯恐遂亡情不能已又問二子當有救亡之策

箕子荅

荅沉酗敗德之語

我祖厎遂陳于上。（言湯致遂其功陳列於上世）我用沈酗于酒，用亂敗厥德于下。（我紂也沈湎酗醟敗亂湯德於後世）殷罔不小大好草竊姦宄。（草野竊盜又爲姦宄於內外）卿士師師非度，凡有辜罪，乃罔恒獲。（六卿典士相師效爲非法度皆有辜罪無秉常得中者）小民方興，相爲敵讎。（卿士既亂而小人各起一方共爲敵讎言不和同）今殷其淪喪，若涉大水，其無津涯。（淪沒也言殷將沒亡如涉大水無涯際無所依就）殷遂喪，越至于今。（言遂喪亡於是至於今到不待久）曰：父師、少師，我其發出狂，吾家耄遜于荒。（我念殷亡發疾生狂在家耄亂故欲遯出於荒野言愁悶）今爾無指告予顛隮，若之何其。（汝無指意告我殷邦顛隕隮墜如之何其救之）父師若曰：王子，（比干不見明心同省文微子帝乙元子故曰王子）天毒降災荒殷邦，方興沈酗于酒。（天生紂爲亂是天毒下災四方化紂沈湎不可如何）乃罔畏畏，咈

答小大草竊之語

答小民敵讎等語

箕子自處之計　商其占於災變耶我當起任其責商其遂亡耶我無臣異國之理

末章勉微子之去

其耉長舊有位人。言起沈湎上不畏天災下不畏賢人違戾耉老之長致仕之賢不用其教法紂故今殷民乃攘竊神祇之犧牷牲用以容將食無災。自來而取曰攘色純曰犧體完曰牷牛羊豕曰牲器實曰用盜天地宗廟牲用相容行食之無災罪之者言政亂降監殷民用乂讎斂召敵讎不怠。下視殷民所用治者皆重賦傷民斂聚怨讎之道而又亟行暴虐自召敵讎不懈怠罪合于一多瘠罔詔。言殷民上下有罪皆合於一法紂故使民多瘠病而無詔救之者商今其有災我興受其敗。災滅在近我起受其敗言宗室大臣義不忍去商其淪喪我罔為臣僕。詔王子出迪。商其沒亡我二人無所為臣僕欲以死諫紂我教王子出合於道我舊云刻子王子弗出我乃顛隮。刻病也我父知子賢言於帝乙欲立子帝乙不肯病子不得立則宜為殷後者子今若不出逃難我殷家宗廟乃隕墜無主自靖人自獻于先王。各自謀行其志人人自獻達于先王以不失道我不顧行遯。言將與紂俱死所執各異皆歸於仁

明君子之道出
處默語非一途

# 尚書卷第五

自靖謂各行其分之所宜而即其心之所安也孔子所謂三仁是也

人各行其所安有以告於先王而無愧於神明可矣王子有可去之義蓋不可使受有殺兄之名而元子在外萬一有維持宗社之計若我則無可去之義故曰我不顧行遯是亦將以死救也詳此詞意則箕子比干同以死諫比干見殺箕子偶不見殺而囚尔説者遂謂箕子有

言而比干獨無言者去就之義難明而死節之義易見殊不知箕子豈有去意而比干之無荅者亦以箕子意同故不復有異辭耳

微子之去遯于荒野而已曰傳抱祭器以歸周者殊失之

上篇誓諸侯因及御事庶士

小序年与敘文不同
日序中篇則可

首明爲君之道

受失爲君之道

# 尚書卷第六

## 泰誓上第一　周書　孔氏傳

惟十有一年武王伐殷。周自虞芮質厥成諸侯並附以爲受命之年至九年而文王卒武王三年服畢觀兵孟津以卜諸侯伐紂之心諸侯僉同乃退以示弱一月戊午師渡孟津。十三年正月二十八日更與諸侯期而共伐紂作泰誓三篇。渡津乃作泰誓。大會以誓衆惟十有三年春大會于孟津。三分二諸侯及諸戎狄此周之孟春王曰。嗟。我友邦冢君越我御事庶士明聽誓。冢大御治也友諸侯親之稱大君尊之下及我治事衆士大小無不皆明聽誓惟天地萬物父母惟人萬物之靈。生之謂父母靈神也天地所生惟人爲貴亶聰明作元后元后作民父母。人誠聰明則爲大君而爲衆民父母今商王受弗敬上天降災下民沈湎冒色敢行暴虐。沈湎嗜酒冒亂女色

天命周伐受

文王未伐
武王未遂伐

受終不悛

天命為君伐受之責
不可違

敢行酷暴虐殺無辜罪人以族官人以世一人有罪刑及父母兄弟妻子言淫濫官人不以賢才而以父兄所以政亂惟宮室臺榭陂池侈服以殘害于爾萬姓土高曰臺有木曰榭澤障曰陂停水曰池侈謂服飾過制言匱民財力為奢麗焚炙忠良刳剔孕婦忠良無罪焚炙之懷子之婦刳剔視之言暴虐皇天震怒命我文考肅將天威大勳未集言天怒紂之惡命文王敬行天罰功業未成而崩肆予小子發以爾友邦冢君觀政于商父業未就之故故我與諸侯觀紂政之善惡謂十一年自孟津還時惟受罔有悛心乃夷居弗事上帝神祇遺厥先宗廟弗祀悛改也言紂縱惡無改心平居無故廢天地百神宗廟之祀慢之甚犧牲粢盛既于凶盜凶人盡盜食之而紂不罪乃曰吾有民有命罔懲其侮紂言吾所以有兆民有天命故羣臣畏罪不爭無能止其慢心天佑下民作之君作之師言天佑助下民為立君以政之為立師以教之惟其

一一〇

勢不難伐

理不可不伐

武王恐有違天之罪

伐受

能承天為君之責

中篇誓諸侯之師

克相上帝寵綏四方當能助天寵安天下有罪無罪予曷敢有越厥志越遠也言己志欲為民除惡是與否不敢遠其志同力度德同德度義力鈞則有德者勝德鈞則秉義者強揆度優劣勝負可見受有臣億萬惟億萬心人執異心不和諧予有臣三千惟一心三千一心言同欲商罪貫盈天命誅之予弗順天厥罪惟鈞紂之為惡一以貫之惡貫已滿天畢其命今不誅紂則為逆天與紂同罪予小子夙夜祗懼受命文考類于上帝宜于冢土以爾有衆底天之罰祭社曰宜冢土社也言我畏天之威告文王廟以事類告天祭社用汝衆致天罰於紂天矜于民民之所欲天必從之矜憐也言天除惡樹善與民同爾尚弼予一人永清四海檝惡除則四海長清時哉弗可失言今我伐紂正是天人合同之時不可違

## 泰誓中第二　周書　孔氏傳

首引古語以證受之力行無度

皆力行無度之事

民籲天

推明天心君道

桀不順天

天命湯以伐桀

惟戊午，王次于河朔。次止也戊午渡河而誓既誓而止於河之北 羣后以師畢會。諸侯盡會次也 王乃徇師而誓曰：嗚呼！西土有衆，咸聽朕言。徇循也武王在西故稱西土 我聞吉人為善，惟日不足；凶人為不善，亦惟日不足。言吉人渴日以為善凶人亦渴日以行惡 今商王受力行無度，行無法度渴日不足故曰力行 播棄犁老，昵比罪人。鮐背之耇稱犁老布棄不禮敬昵近罪人謂天下逋逃之小人 淫酗肆虐，臣下化之。過酗縱虐以酒成惡臣下化之言罪同 朋家作仇，脅權相滅。無辜籲天，穢德彰聞。臣下朋黨自為仇怨脅上權命以相誅滅籲呼也民皆呼天告冤無辜紂之穢德彰聞天地言罪惡深 惟天惠民，惟辟奉天。言君天下者當奉天以愛民 有夏桀弗克若天，流毒下國。桀不能順天流毒虐於下國萬民言凶害 天乃佑命成湯，降黜夏命。言天助湯命使下退桀命 惟受

受罪浮桀

四謂指力行無度之病原

天命伐受
天意見於夢卜哉商必克不必畏其衆

天意見於人心百姓責望不可不往

應上文桀湯之證

罪浮于桀浮過剝喪元良賊虐諫輔剝傷害也賊殺也元善之長良善以諫輔
紂紂反殺之謂已有天命謂敬不足行謂祭無益謂暴無傷
言紂所以罪過於桀厥監惟不遠在彼夏王其視紂罪與桀同幸言必誅之天其以
予乂民用我治民當除惡朕夢協朕卜襲于休祥戎商必克言我
夢與卜俱合於美善以兵誅紂必克之占受有億兆夷人離心離德夷人衆人也雖
多而執心用德不同予有亂臣十人同心同德我治理之臣雖少而心德同雖有
周親不如仁人周至也言紂至親雖多不如周家之少仁人天視自我民視天
聽自我民聽言天因民以視聽民所惡者天誅之百姓有過在予一人己能
無惡于民民之有過在我教不至今朕必往我武惟揚侵于之疆揚舉也言我舉
武事侵入紂郊疆伐之取彼凶殘我伐用張于湯有光桀流毒天下湯黜其

一一三

誓師 臨事而懼前言必克此又恐其怨

弔民 定功

下篇自誓其師

商受惡類之彰

類 上天有至明之理其類應之分甚明 蓋好善則所爲皆善之一類 好惡則所爲皆惡之一類 邪正不相入懸態各有槩禍福興亡各以類應之彰 彰乎其不雜也

命紂行凶殘之德我以兵取之伐惡之道張設比於湯又有光明 勗哉夫子罔或無畏寧執非敵 勗勉也夫子謂將士無敢有無畏之心寧執非敵之志伐之則克矣 百姓懍懍若崩厥角 言民畏紂之虐危懼不安若崩摧其角無所容頭 嗚呼乃一德一心立定厥功惟克永世 汝同心立功則能長世以安民

## 泰誓下第三　周書　孔氏傳

時厥明王乃大巡六師明誓衆士 是其戊午明日師出以律三申令之重難之義 衆士百夫長已上 王曰嗚呼我西土君子天有顯道厥類惟彰 言天有明道其義類惟明言王所宜法則 今商王受狎侮五常荒怠弗敬 輕狎五常之教侮慢不行大爲怠惰不敬天地神明 自絕于天結怨于民 不敬天自絕之酷虐民結怨之 斮朝涉之脛剖賢人之心 冬月見朝涉水者謂其脛耐寒斬而視之比干忠諫謂其心異於人剖而觀之

狎侮五常之事

自絶于天

結怨于民

洪範尊誓言周師故曰登乃辟其辟尊曰有罪戮其辟儼

酷虐之甚作威殺戮，毒痡四海。痡，病也。言害所及遠。崇信姦回，放黜師保，回，邪也。姦邪之人反尊信之，可法以安者反放退之。屛棄典刑，囚奴正士，屛棄常法而不顧，箕子正諫而以為囚奴。郊社不修，宗廟不享，作奇技淫巧以悅婦人。言紂廢至尊之敬，營卑褻惡事，作過制技巧以恣耳目之欲。上帝弗順，祝降時喪。祝，斷也。天惡紂逆道，斷絶其命，故下是喪亡之誅。爾其孜孜，奉予一人，恭行天罰。孜孜勸勉不怠。古人有言曰：撫我則后，虐我則讎。武王述古言以明義，言非惟今惡紂。獨夫受洪惟作威，乃汝世讎。言獨夫失君道也。大作威殺無辜，乃是汝累世之讎。明不可不誅。樹德務滋，除惡務本。立德務滋長，去惡務除本。言紂為天下惡本。肆予小子誕以爾衆士殄殲乃讎。言欲行除惡之義，絶盡紂。爾衆士其尚迪果毅，以登乃辟。迪，進也。殺敵為果，致果為毅。登，成也。成汝君之功。功多有厚

与上中二誓不同

文王善顯之彰

善惡勝負顯應必然武王不恃此而忘自責

此篇列陣將戰之時通誓之

小序數目与經不同

賞不迪有顯戮。賞以勸之 戮以威之 嗚呼。惟我文考若日月之照臨。光于四方。顯于西土。稱父以感衆也言其明德充塞四方明著岐周 惟我有周誕受多方。言文王德大故受衆方之國三分天下而有其二 予克受。非予武。惟朕文考無罪。推功於父言文王無罪於天下故天佑之人盡其用 受克予。非朕文考有罪。惟予小子無良。若紂克我非我父罪我之無善之致

牧誓第四　周書　孔氏傳

武王戎車三百兩 兵車百夫長所載車稱兩一車步卒七十二人凡二萬一千人舉全數 虎賁三百人 勇士稱也若虎賁獸言其猛也皆百夫長 與受戰于牧野作牧誓 牧誓

至牧地而誓衆

時甲子昧爽。是克紂之月甲子之日二月四日昧冥爽明早旦也 王朝至于商郊牧野。乃誓。紂近郊三十里地名牧癸亥夜陳甲子朝誓將與紂戰 王左杖黃鉞右秉白

太誓上以誓諸侯爲主中誓諸侯之師其詞止於尚𢗊永清定功永世下篇自誓其衆士始有不迪昷戮之戒牧誓則商郊之誓臨戰之時一人不戒易以敗事故均誓戒之不勉有戮不可以責戰異法也

列陣

誓牧野受都茲殷其罪惟言其家事及商邑

史記作昬棄其國家遺其王父母弟

旄以麾曰逖矣西土之人鉞以黄金飾斧左手杖鉞示無事於誅右手把旄示有事於教逖遠也遠矣西土之人勞苦之王曰嗟我友邦冢君同志爲友言志同滅紂御事司徒司馬司空治事三卿司徒主民司馬主兵司空主土指誓戰者亞旅師氏亞次旅衆也衆大夫其位次卿師氏大夫官以兵守門者千夫長百夫長師帥卒帥及庸蜀羌髳微盧彭濮人八國皆蠻夷戎狄屬文王者國名羌在西蜀叟髳微在巴蜀盧彭在西北庸濮在江漢之南稱爾戈比爾干立爾矛予其誓稱舉也戈戟干楯也王曰古人有言曰牝雞無晨言無晨鳴之道牝雞之晨惟家之索索盡也喻婦人知外事雌代雄鳴則家盡婦奪夫政則國亡今商王受惟婦言是用妲己惑紂紂信用之昏棄厥肆祀弗荅昏亂肆陳荅當也亂棄其所陳祭祀不復當享鬼神昏棄厥遺王父母弟不迪王父祖之昆弟母弟同母弟言棄其骨肉不接之以道乃惟四方之多罪

不輕進以亂陣

不多殺以亂陣

勿迎擊來降之人以勞來西土之士

逋逃是崇是長言紂棄其賢臣而尊長逃亡罪人信用之是信是使是以爲大夫卿士士事也用爲卿大夫典政事俾暴虐于百姓以姦宄于商邑使四方罪人暴虐姦宄於都邑今予發惟恭行天之罰今日之事不愆于六步七步乃止齊焉今日戰事就敵不過六步七步乃止相齊言當旅進一心夫子勖哉不愆于四伐五伐六伐七伐乃止齊焉夫子謂將士勉勵之伐謂擊刺少則四五多則六七以爲例勖哉夫子尚桓桓桓桓武貌如虎如貔如熊如羆于商郊貔執夷虎屬也四獸皆猛健欲使士衆法之奮擊於牧野弗迓克奔以役西土商衆能奔來降者不迎擊之如此則所以役我西土之義勖哉夫子爾所弗勖其于爾躬有戮臨敵所安汝不勉則於汝身有戮矣

## 武成第五　周書　孔氏傳

武成一篇舊盖錯簡劉侍讀王荊公程叔子皆嘗改正朱子集長考定見於文集蔡傳今專用朱子
本定讀但以厎商之罪一句係之附我大邑周之下列爵惟五之上繼有闕文而事辭實屬焉
改定武成次第 出師 類告 克商 反政 歸周 諸侯受命 助祭告 誥諸侯 缺文 定制 定治化

于征伐商下接告
于皇天后土

示天下弗服下接既
生魄

大告武成下接王若曰

受命于周下接前丁未

武王伐殷往伐歸獸往誅紂克定偃武脩文歸馬牛於華山桃林之牧地識其政事記識殷家政教善事以爲法作武成武功成文事修武成文王受命有此武功成於克商惟一月壬辰旁死魄此本說始伐紂時一月周之正月旁近也月二日近死魄越翼日癸巳王朝步自周于征伐商翼明步行也武王以正月三日行自周往征伐商二十八日渡孟津厥四月哉生明王來自商至于豐其四月哉始也始生明月三日與死魄互言乃偃武修文倒載干戈包以虎皮示不用行礼射設庠序修文教歸馬于華山之陽放牛于桃林之野示天下弗服山南曰陽桃林在華山東皆非長養牛馬之地欲使自生自死示天下不復乘用丁未祀于周廟邦甸侯衛駿奔走執豆籩四月丁未祭告后稷以下文考文王以上七世之祖駿大也邦國甸侯衛服諸侯皆大奔走於廟執事越三日庚戌柴望大告武成燔柴郊天望祀山川先祖後郊自近始也既生魄庶邦冢君暨百工受命于周魄生明死十五日之後諸侯與百官受政命於周明一統王若曰嗚呼羣后

鄒文勛云此篇自唐孔氏疑錯簡至宋劉氏王氏程子朱子嘗正之諸病太碎惟括蒼鮑宏博忠夫只移厥四月至受命于周於悅服之下且云按古竹簡每行十三字恰當行盡句絕首尾三行不易

順其祖業歎美之以告諸侯惟先王建邦啓土。謂后稷也尊祖故稱先王公劉克篤前烈。后稷曾孫公爵劉名能厚先人之業至于大王肇基王迹。王季其勤王家。大王修德以翦齊商人始王業之肇迹王季纘統其業乃勤立王家我文考文王克成厥勳。誕膺天命以撫方夏。言我文德之父能成其王功大當天命以撫綏四方中夏大邦畏其力。小邦懷其德。言天下諸侯大者畏威小者懷德是文王威德之大惟九年。大統未集。言諸侯歸之九年而卒故大業未就予小子其承厥志。言承文王本意厎商之罪。告于皇天后土所過名山大川。致商之罪謂伐紂之時后土社也名山華岳大川河曰惟有道曾孫周王發將有大正于商。告天社山川之辭大正以兵征之今商王受無道。無道德暴殄天物。害虐烝民。暴絶天物言逆天也逆天害民所以爲無道爲天下逋逃主。萃淵藪。逋亡也天下罪人逃亡者而紂爲魁主窟聚淵府藪澤言大姦予小子既獲仁人。敢祗承上帝。

其承厥志下接恭天成命

厎商之罪下接列爵惟五

如朱子文理渾然無可疑者今以此爲是

改正篇內告諸侯之辭以王若曰起文則是史官追述其意未必皆當時全語不如湯誥之密蓋湯誓誓亳衆而志及誓諸侯故湯誥誕告之辭加密泰誓牧誓既屢誓諸侯故武成告命或不待加詳也

罔不率俾下接惟爾有神

我大邑周下接前底商之罪一句

以遏亂略仁人謂大公周召之徒略路也言誅紂敬承天意以絕亂路華夏蠻貊罔不率俾恭天成命冕服采章曰華大國曰夏及四夷皆相率而使奉天成命肆予東征綏厥士女此謂十一年會孟津還時惟其士女篚厥玄黃昭我周王言東國士女筐篚盛其絲帛奉迎道次明我周王爲之除害天休震動用附我大邑周天之美應震動民心故用依附我惟爾有神尚克相予以濟兆民無作神羞神庶幾助我渡民危害无爲神羞辱旣戊午師逾孟津癸亥陳于商郊俟天休命自河至朝歌出四百里五日而至赴敵宜速待天休命謂夜雨止畢陳甲子昧爽受率其旅若林會于牧野旅衆也如林言盛多會逆距戰罔有敵于我師前徒倒戈攻于後以北血流漂杵紂衆服周仁政无有戰心前徒倒戈自攻于後以北走血流漂舂杵甚之言一戎衣天下大定衣服也一著戎服而滅紂言與衆同心動有成功乃反商政政由舊反紂惡政用商先王善政釋箕子

萬姓悅服下接前缺
四月哉生明

因封比干墓式商容閭皆武王反紂政因奴徒隷封益其土商容賢人紂所貶退式其閭巷以禮賢
散鹿臺之財發鉅橋之粟紂所積之府倉皆散發以賑貧民大賚于
四海而萬姓悅服施舍已債救之賙無所謂周有大賚天下皆悅仁服德列爵惟五即所識政事焉
法之爵五等公侯伯子男分土惟三列地封國公侯方百里伯七十里子男五十里爲三品建官惟賢立官以官
賢才位事惟能居位理事必任能事重民五教所重在民及五常之教惟食喪祭
民以食爲命喪禮篤親愛祭祀崇孝養皆聖王所重惇信明義使天下厚行信顯忠義崇德報功
有德尊以爵有功報以祿垂拱而天下治言武王所修皆是所任得人故垂拱而天下治

尚書卷第六

洛書

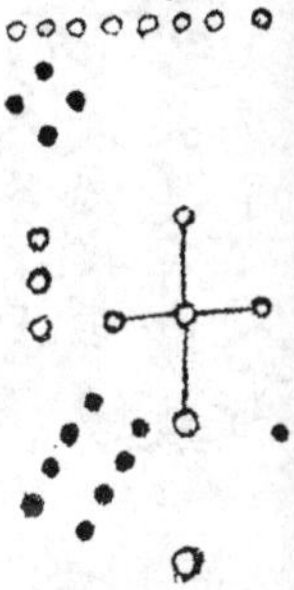

則 嚮用五福
洛 九 威用六極 五 建用皇極 一 五行
書 四 協用五紀 三 農用八政 八 念用庶徵

初大禹治水至洛得神龜背負數戴九履一左三右七二四為肩六八為足五為心腹其後帝命禹則而為書是為洪範九疇其綱目洛大禹之經其義明者乃箕子之傳中頗有錯簡

次第

次第非九疇本義係文僭次第歷數

# 尚書卷第七

洪範第六 古文鴻范 周書 孔氏傳

武王勝殷殺受立武庚不放[illegible]自焚也武庚紂子以爲王者後一名祿父以箕子歸作洪範歸鎬京箕子作之

洪範洪大範法也言天地之大法

惟十有三祀王訪于箕子商曰祀箕子稱祀不忘本此年四月歸宗周先告武成次問天道王乃言曰嗚呼箕子惟天陰騭下民相協厥居騭定也天不言而默定下民是助合其居使有常生之資我不知其彝倫攸敘言我不知天所以定民之常道理次敘問何由

箕子乃言曰我聞在昔鯀陻洪水汨陳其五行陻塞汨亂也治水失道亂陳其五行帝乃震怒不畀洪範九疇彝倫攸斁畀與斁敗也天動怒鯀不與大法九疇疇類也故常道所以敗鯀則殛死禹乃嗣興放鯀

之尓朱子以初一次二等字自爲讀然皇極居五前四區皇所以建天下之極後四區皇極所以審天下之則次第亦一義今陰陽術數家皆用之

至死不赦嗣繼也廢父興子堯舜之道天乃錫禹洪範九疇彝倫攸敘天與禹洛出書神龜負文而出列於背有數至于九禹遂因而第之以成九類常道所以次敘初一曰五行九類類一章以五行爲始次二曰敬用五事五事在身用之必敬乃善次三曰農用八政農厚也厚用之政乃成次四曰協用五紀協和也和天時使得正用五紀次五曰建用皇極皇大極中也凡立事當用大中之道次六曰乂用三德治民必用剛柔正直之三德次七曰明用稽疑明用卜筮考疑之事次八曰念用庶徵次九曰嚮用五福威用六極言天所以嚮勸人用五福所以威沮人用六極此已上禹所第敘一五行一曰水二曰火三曰木四曰金五曰土皆其生數水曰潤下火曰炎上言其自然之常性木曰曲直金曰從革木可以揉曲直金可以改更土爰稼穡種曰稼斂曰穡土可以種可以斂潤下作鹹

皇極標準　六極六窮　同文異義　或曰六極當作殛

五行造化之大用而獨言其性味者以切於民用言也

九疇並義

二　本於事者有得失
七　稽於占者有吉凶
六　人質有中正剛柔善惡
九　人生有厚薄美惡之或異
五　皇極
一　天氣有陰陽生克盛衰
四　天運有象數遲速之不齊
三　施於政者有是非
八　感於天者有休咎

文憲王子曰河圖洛書相表裏故一六二七三八四九皆並位於是九疇之義

五事之目其序全体五行其功妙感庶徵皇之所以為極者本此

五事之則

五事之功

食貨祀三道之始刑者聖人之不得已故司寇居三官之後若聖人大不得已故師居八政之末

水鹵所生炎上作苦焦氣之味曲直作酸木實之性從革作辛金之氣味稼穡作甘甘味生於百穀五行以下箕子所陳二五事一曰貌容儀二曰言詞章三曰視觀正四曰聽察是非五曰思心慮所行貌曰恭儼恪言曰從是則可從視曰明必清審聽曰聰必微諦思曰睿必通於微恭作肅心敬從作乂可以治明作哲照了聰作謀所謀必成當睿作聖於事無不通謂之聖三八政一曰食勸農業二曰貨寶用物三曰祀敬鬼神以成教四曰司空主空土以居民五曰司徒主徒衆教以禮義六曰司寇主姦盜使無縱七曰賓禮賓客無不敬八曰師簡師所任必良士卒必練四五紀一曰歲所以紀四時二曰月所以紀一月三曰日紀一日四曰星辰二十八宿迭見以敘氣節十二辰所以紀日月所會五曰曆數曆數節氣之度以為曆敬授民時

今文石經五行無上一字五事無二字下同

朱子曰皇者君之稱極
者至極之義標準之
名也
五福傳文自斂時五福止用咎
乃九五福之傳錯簡其
有汝極作極等語誤
屬於此八国匡皆与皇
極相関箕子舉一隅
以發之尔大意言人君
体天治民當以天之福
福之使之仁壽安富知
所向方然後可以望其
協極若其救死不贍
奚暇礼義所謂汝弗
能使有好于而家時
人斯其辜也 第
二節凡厥以下言人知所
好德而不習於非德必
人君立之標準也 第
三節凡厥以下言民之
好德者与未有德而不
爲惡者与華面而自言
好德者皆當念之受
之錫之福則時人斯
其惟皇之極矣

五皇極皇建其有極大中之道大立其有中謂行九疇之義斂時五福用
敷錫厥庶民斂是五福之道以爲教用布與衆民使慕之惟時厥庶民于汝
極錫汝保極君上有五福之教衆民於君取中與君以安中之善言從化凡厥庶民
無有淫朋人無有比德惟皇作極民有安中之善則無淫過朋黨之惡比周
之德惟天下皆大爲中正凡厥庶民有猷有爲有守汝則念之民戢有道
有所爲有所執守汝則念録叙之不協于極不罹于咎皇則受之凡民之行
雖不合於中而不罹於咎惡皆可進用大法受之而康而色曰予攸好德汝則
錫之福汝當安汝顔色以謙下人人曰我所好者德汝則與之爵禄時人斯其惟皇之極
不合於中之人汝與之福則是人此其惟大之中言可勉進無虐煢獨而畏高明煢單無兄
弟也無子曰獨單獨者不侵虐之寵貴者不枉法畏之人之有能有爲使羞其行而

人有不幸而負煢獨者當扶之有幸而
禁貴者當抑之
人之有才者必使進於德行

五福以好德居四而傳則以好德為重蓋五福皆係於天而人之所可勉者惟好德亦已又[illegible]
人主而人主所可錫者亦惟富而已
王義王道王路即皇極所以為教蕩蕩平平正直即皇極所以為体反覆互文以贊詠形容之亦無指
民之協極而言然皇極四方八面公平正大體段於此可見
人之趨正者亦必先有以養之

皇極經文 傳子駿曰此章乃古書韻語与箕子前後書文不同王文憲是之上據皇建有極之下為皇極經文

箕子傳文

邦其昌。功能有爲之士使進其所行汝國其昌盛凡厥正人既富方穀凡其正直之人既當以爵禄富之又當以善道接之汝弗能使有好于而家時人斯其辜。不能使王直之人有好於國家則是人斯其詐取罪而去于其無好德汝雖錫之福其作汝用咎。於其無好德之人汝雖與之爵禄其爲汝用惡道以敗汝善無偏無陂遵王之義偏不平陂不正言當循先王之正義以治民無有作好遵王之道無有作惡遵王之路言無有亂爲私好惡動必循先王之道路無偏無黨王道蕩蕩言開闢無黨無偏王道平平言辯治無反無側王道正直言所行無反道不正則王道平直會其有極歸其有極言會其有中而行之則天下皆歸其有中矣曰皇極之敷言是彝是訓于帝其訓曰者大其義言以大中之道布陳言教不失是常則人皆是順矣天且其順而況于人乎凡厥庶民極之敷

五福六極總傳錯簡作福作威所謂向用五福威用六極也玉食者人主之福臣而作威福僭玉食則凶害而頗僻僭忒皆歸于六極矣

言是訓是行以近天子之光（凡其衆民中心之所陳言凡順是行之則可以近益天子之光明）曰天子作民父母以爲天下王（言天子布德惠之教爲兆民之父母是爲天下所歸往不可不務）六三德一曰正直（能正人之曲直）二曰剛克（剛能立事）三曰柔克（和柔能治三者皆德）平康正直（世平安用正直治之）彊弗友剛克（世彊禦不友順也以剛能治之）燮友柔克（燮和也世和順以柔能治之）沈潛剛克（沈潛謂地雖柔亦有剛能出金石）高明柔克（高明謂天言天爲剛德亦有柔克不干四時喻臣當執剛以正君君亦當執柔以納臣）惟辟作福惟辟作威惟辟玉食（言惟君得專威福爲美食）臣無有作福作威玉食臣之有作福作威玉食其害于而家凶于而國人用側頗僻民用僭忒（在位不敦平則下民僭差）七稽疑擇建立卜筮人（龜曰卜蓍曰筮考正疑事當選擇知卜筮人而）

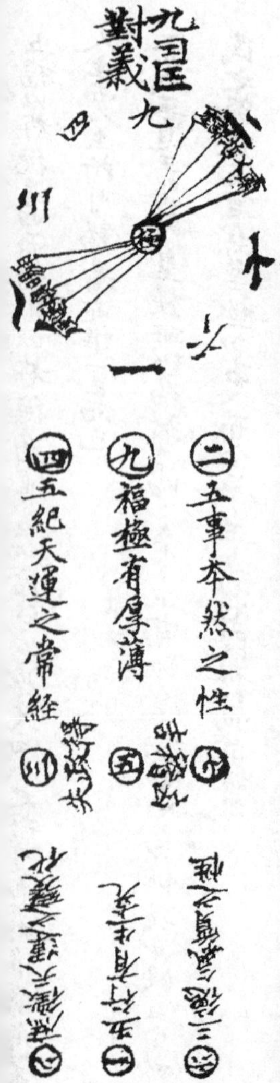


經文對舉一隅
文憲王子推對
義三縱一衡

霽 今文作濟 古文作[illegible] 驛 古文作圛 悔 說文作𠧩卦之不變者以內為貞外為𠧩變者以本卦為貞之卦為𠧩

兆有定體卦有定辭自其有變動之差而天下之至變生焉故善卜筮者必自其差忒而推衍之

盡人謀然後以卜筮決之

龜筮常與人謀相參古人以龜先筮蓋龜兆一成所應久遠筮應在一時而時日推遷又須更筮故有筮短龜長之說然龜則潛信皆卜蓍易則惟忠

建立之乃命卜筮建立其人命以其職曰雨曰霽龜兆形有似雨者有似雨止者曰蒙蒙陰闇曰驛氣落驛相連屬曰克兆相交錯五者卜兆之常法曰貞曰悔內卦曰貞外卦曰悔凡七卜筮之數卜五占用二衍忒立時人作卜筮三人占則從二人之言立是知卜筮人使為卜筮之事夏殷周卜筮各異三法並卜從二人之言善鈞從衆卜筮各三人汝則有大疑謀及乃心謀及卿士謀及庶人謀及卜筮將舉事而汝則有大疑先盡汝心以謀慮之次及卿士衆民然後卜筮以決之汝則從龜從筮從卿士從庶民從是之謂大同人心和順龜筮從之是謂大同於吉身其康彊子孫其逢吉動不違衆故後世遇吉汝則從龜從筮從卿士逆庶民逆吉三從二逆中吉亦可舉事卿士從龜從筮從汝則逆庶民逆吉君臣不同決之卜筮亦中吉庶民從龜從筮從汝則逆卿士

信之事應否則有戒不爲小人謀故自文王周孔以來惟以易訓。人謀能料可否若氣數推移則惟龜筮知之其違于人與人謀皆從未可爲也

皇極居中八庶還相爲体用以五事庶徵之感應蓋舉一隅以示例餘可類推

逆吉民與上異心亦卜筮以決之汝則從龜從筮逆卿士逆庶民逆
作內吉作外凶二從三逆龜筮相違故可以祭祀冠婚不可以出師征伐龜筮共違于
人皆逆用靜吉用作凶安以守常則吉動則凶八庶徵曰雨曰暘
曰燠曰寒曰風曰時雨以潤物暘以乾物燠以長物寒以成物風以動物五者各以其時所以爲衆
驗五者來備各以其敘庶草蕃廡言五者備至各以次序則衆草蕃滋廡豐
也一極備凶一極無凶一者備極過甚則凶一者極無不至亦凶謂不時失敘曰休
徵敘美行之驗曰肅時雨若君行敬則時雨順之曰乂時暘若君行政治則時
暘順之曰晳時燠若君能照晳則時燠順之曰謀時寒若君能謀則時寒順之曰
聖時風若君能通理則時風順之曰咎徵敘惡行之驗曰狂恒雨若君行
狂妄則常雨順之曰僭恒暘若君行僭差則常暘順之曰豫恒燠若君行逸豫則常

古者上下有分非祿無自富者故五福不言貴言富則貴可知矣攸好德者學問之事而以為福者人生而愚弱昏愚者多矣今其氣稟清明知德義之義而樂之豈非福之大者若使愚昏庸所好非德雖壽富安逸所謂飽暖逸居而無教秖以荒亡戕賊近於禽獸何足以為福哉所以好德接壽富康寧之後五福之好德亦猶五行之土五事之思而乃居四者以考終命為人生之終事故易居五而以好德居四所以總壽富康寧而以保其考終者也

五紀傳文東坡蘇氏無說張氏石林葉氏容齋洪氏皆曰此章當為五紀之傳。歲月日星之度具于曆數箕子於此特以其切於君臣政事者言之以明調贊之本

燠順之曰急恆寒若君行急則常寒順之曰蒙恆風若君行蒙闇則常風順之曰王省惟歲王所省職兼所總群吏如歲兼四時卿士惟月卿士各有所掌如月之有別師尹惟日眾正官之吏分治其職如日之有歲月歲月日時無易各順常百穀用成乂用明歲月日時無易則百穀成君臣無易則政治明俊民用章家用平康賢臣顯用國家平寧日月歲時既易是三者已易喻君臣易職百穀用不成乂用昏不明俊民用微家用不寧君失其柄權臣擅命治闇賢隱國家亂庶民惟星星有好風星有好雨星民象故眾民惟若星箕星好風畢星好雨亦民所好日月之行則有冬有夏日月之行冬夏各有常度君臣政治小大各有常法月之從星則以風雨月經於箕則多風離於畢則多雨政教失常以從民欲亦所以亂九五福一曰壽百二十年二曰富財豐備三曰康寧無疾病四曰攸

謹德一篇之要

貢物之制

好德所好者德福之道 五曰考終命各成其短長之命以自終不橫夭 六極一曰凶短折動不遇吉短未六十折未三十言辛苦 二曰疾常抱疾苦 三曰憂多所憂 四曰貧困於財 五曰惡醜陋 六曰弱尫劣 武王既勝殷邦諸侯班宗彝賦宗廟彝器酒罇賜諸侯 作分器言諸侯尊卑各有分也

旅獒第七皇王大紀繫於成王之紀 周書 孔氏傳

西旅獻獒西戎遠國貢大犬 太保作旅獒召公陳戒 旅獒因獒而陳道義

惟克商遂通道于九夷八蠻四夷慕化貢其方賄九八言非一皆通道路無遠不服 西旅厎貢厥獒西戎之長致貢其獒犬高四尺曰獒以大爲異 太保乃作旅獒用訓于王陳貢獒之義以訓諫王 曰嗚呼明王慎德四夷咸賓言明王慎德以懷遠故四夷皆賓服 無有遠邇畢獻方物惟服食器用天下

易以豉反朱子作換易之易謂位不足爲物之輕重惟德足以爲物之重

受貢所以示諸侯

玩人 狎侮 病原也

玩物 役耳目

推玩人以及玩物因玩物以戒喪志因喪志而言定志之道因道寧而及知言之叙語蟲偶而意相生也

反其玩物

萬國無有遠近盡貢其方土所生之物惟可以供服食器用者言不爲耳目華侈王乃昭德之致于異姓之邦無替厥服德之所致謂遠夷之貢以分賜異姓諸侯使無廢其職分寶玉于伯叔之國時庸展親以寶玉分同姓之國是用誠信其親親之道人不易物惟德其物言物貴由人有德則物貴無德則物賤所貴在於德德盛不狎侮盛德必自敬何狎易侮慢之有狎侮君子罔以盡人心以虛受人則人盡其心矣狎侮小人罔以盡其力以悅使民民忘其勞則力盡矣不役耳目百度惟貞言不以聲色自役則百度正玩人喪德玩物喪志以人爲戲弄則喪其德以器物爲戲弄則喪其志志以道寧言以道接在心爲志發氣爲言皆以道爲本故君子勤道不作無益害有益功乃成不貴異物賤用物民乃足遊觀爲無益奇巧爲異物言明王之道以德義爲益器用爲貴所以化俗生民犬馬非其土性不畜非此土所

叉其玩人上文因玩物而上推玩人之失以防其原此段因寶物而歸重寶賢之意以易其好

末終謹德之意言益切容

此篇叙事意多淺晦程子疑其間不可盡信

生不畜以不習其用珍禽奇獸不育于國皆非所用有損害故不寶遠物則遠人格不侵奪其利則來服矣所寶惟賢則邇人安寶賢任能則近人安近人安則遠人安矣嗚呼夙夜罔或不勤言當早起夜寐常勤於德不矜細行終累大德輕忽小物積害毀大故君子慎其微爲山九仞功虧一簣八尺曰仞喻向成也未成一簣猶不爲山故曰功虧一簣是以聖人乾乾日昃慎終如始允迪茲生民保厥居惟乃世王言其能信蹈行此誡則生人安其居天子乃世世王天下武王雖聖猶設此誡況非聖人可以無誡乎其不免於過則亦宜矣巢伯來朝殷之諸侯伯爵也南方遠國武王克商慕義來朝芮伯作旅巢命芮伯周同姓圻内之國爲卿大夫陳威德以命巢亡

## 金縢第八　周書　孔氏傳

武王有疾周公作金縢爲請命之書藏之於匱緘之以金不欲人開之金縢

此篇除祝詞外皆非周公作序文誤

周禮占人卜筮終事則繫帛以比其命注謂書其命龜之事及兆於冊繫禮神之幣而合藏焉是則金縢之匱周家藏占書之常器終事納冊於周禮占人之常職世俗謂周公始爲此匱納冊以爲他日自驗之地其説陋矣

穆卜 蔡云和同以卜

自以爲功謂獨以爲己事也

責 朱子云如責其侍子之責

遂以所藏爲篇名 既克商二年王有疾弗豫伐紂明年武王有疾不悅豫二公曰我其爲王穆卜周公曰未可以戚我先王穆敬戚近也召公太公言王疾當敬卜吉凶周公言未可以死近我先王相順之辭公乃自以爲功周公乃自以請命爲己事爲三壇同墠因太王王季文王請命於天故爲三壇壇築土墠除地大除地於中爲三壇爲壇於南方北面周公立焉立壇上對三王植璧秉珪乃告太王王季文王辭以禮神植置也置於三王之坐周公秉桓圭以爲贄告謂祝辭史乃冊祝曰惟爾元孫某遘厲虐疾史爲冊書祝辭也元孫武王某名臣諱君故曰某厲危虐暴也若爾三王是有丕子之責于天以旦代某之身丕子之責謂疾不可救於天則當以旦代之死生有命不可請代聖人敘臣子之心以垂世教予仁若考能多材多藝能事鬼神我周公仁能順父又多材多藝能事鬼神言可以代武王之意乃元孫

周公迫切之意言不暇文

不若旦多材多藝，不能事鬼神。乃命于帝庭，敷佑四方，汝元孫受命於天庭，爲天子，布其德教，以佑助四方，言不可以死。用能定爾子孫于下地。四方之民罔不祗畏。言武王用受命帝庭之故，能定先人子孫於天下，四方之民無不敬畏。嗚呼！無墜天之降寶命，我先王亦永有依歸。歎惜武王，言不救則墜天之寶命，救之則先王長有依歸。今我即命于元龜，就受三王之命於大龜，卜知吉凶。爾之許我，我其以璧與珪歸俟爾命。許謂疾瘳，待命當以事神。爾不許我，我乃屏璧與珪。不許謂不愈也。屏，藏也。言不得事神。乃卜三龜，一習吉。習，因也。以三王之龜卜，一相因而吉。啓籥見書，乃并是吉。三兆既同吉，開籥見占兆書，乃亦并是吉。公曰：體！王其罔害。公視兆曰：如此兆體，王其無害，言必愈。予小子新命于三王，惟永終是圖。周公言我小子新受三王之命，武王惟長終是謀周之道。茲攸

周公占畢而歸史納
冊於匱
武王十三年克商十四
年有疾乃瘳十九年
崩
後叙 自武王既喪以後金縢後叙
周公之避所以必告二公
者以成王尚幼朝事未
可無托也所以周公在
外而朝廷無事成王
無疑而外不敢誚公
以有二公在尔
鴟鴞之詩蓋預武庚
既誅管蔡必及王室
成王君臣遇災弁服啓
金縢之匱見書以卜
因得卜史昔日所納

俟能念予一人。言武王愈此所以待能念我天子事成周道公歸，乃納冊于金縢之匱中。王翼日乃瘳。從壇歸翼明瘳差也武王既喪，管叔及其羣弟乃流言於國，武王死周公攝政其弟管叔及蔡叔霍叔乃放言於國以誣周公以惑成王曰：公將不利於孺子。三叔以周公大聖有次立之勢遂生流言孺稚也稚子成王周公乃告二公曰：我之弗辟，我無以告我先王。辟法也告召公太公言我不以法法三叔則我無以成周道告我先王周公居東二年，則罪人斯得。周公既告二公遂東征之二年之中罪人此得于後，公乃爲詩以貽王，名之曰鴟鴞。王亦未敢誚公。成王信流言而疑周公故周公既誅三監而作詩解所以宜誅之意以遺王王猶未悟故欲讓公而未敢秋大熟，未穫，天大雷電以風，二年秋也蒙恒風若雷以威之故有風雷之異禾盡偃，大木斯拔，邦人大恐。風災所及邦人皆大恐王與大

新蔡玄當作親鄭詩箋云成王既得金縢之書親迎周公

大木所偃謂所仆壇墠次舍民居

夫盡弁以啓金縢之書（皮弁質服以應天）乃得周公所自以為功代武王之說（所藏請命冊書本）二公及王乃問諸史與百執事（二公倡王啓之故先見書史百執事皆從周公請命）對曰信噫公命我勿敢言（史百執事言信有此事周公使我勿道今言之則負周公噫恨辭）王執書以泣曰其勿穆卜（本欲敬卜吉凶今天意可知故止之）昔公勤勞王家惟予沖人弗及知（言已幼童不及知周公昔日忠勤）今天動威以彰周公之德（發雷風之威以明周公之聖德）惟朕小子其新逆我國家禮亦宜之（周公以成王未寤故留東未還改過自新遣使者迎之亦國家禮有德之宜）王出郊天乃雨反風禾則盡起（郊以玉幣謝天天即反風起禾明郊之是）二公命邦人凡大木所偃盡起而築之歲則大熟（木有偃拔起而立之築有其根桑果無虧百穀豐熟周公之德此已上大）

我之弗辟 朱子初從注說作致辟曉簡蔡氏從鄭氏詩箋作避謂三叔方流言周公不應以語言故遽興兵誅之成王方疑公不應不請而自誅之請亦未必從也蓋聖人之心公平正大曷區區嫌疑自不必避然舜避河南禹避陽城自當如此及周公居東二年成王乃知罪之在管蔡故曰罪人斯得 顯祥按古文尚書凡君辟刑辟字皆作侯獨此辟字作辟是必孔壁書本作避字也辟諧聲從之從井皆屏避之意

初武王入殷受已自焚遂命其子武庚後商祀而使管叔蔡叔霍叔監之及武王崩成王幼周公秉政武庚陰有
窺覦之意三叔為其所誘流言以撼周公周公居東其後成王悟迎周公以歸三叔遂及武庚以叛蓋武庚非
三叔不足以間周而三叔非武庚不足以動衆大誥之書專言黜殷而不言三叔實以武庚聲勢甚熾姑亦不
忍言三叔之事也

猷古文作繇前后同　周書道語多曰猷

已周書發語多曰已

首叙事變之来

謙言幼愚未能上測天意

大誥第九　周書　孔氏傳

武王崩三監及淮夷叛三監管蔡商淮夷徐奄之屬皆叛周周公相成王將黜殷作大誥相謂攝政黜絕也將以誅叛者之義大誥天下大誥陳大道以誥天下遂以名篇

王若曰猷大誥爾多邦越爾御事周公稱成王命順大道以告天下衆國及於御治事者盡及之弗弔天降割于我家不少言周道不至故天下凶害於我家不少謂三監淮夷並作難延洪惟我幼沖人凶害延大惟累我幼童人成王言其不可不誅之意嗣無疆大歷服弗造哲迪民康言子孫承繼祖考無窮大數服行其政而不能為智道以安人故使叛先自責矧曰其有能格知天命安人且猶不能況其有能至知天命者乎已予惟小子若涉淵水予惟往求朕攸濟已發端歎辭也我惟小子承先人之業如

弗弔　不幸

但是不可不為此薦前烈

用寶龜以介紹天明

述命龜之辭

卜吉決上文未能格知天命

涉淵水往求我所以濟渡言祗懼敷賁敷前人受命茲不忘大功前人文武也我求濟渡在布行大道在布陳文武受命在此不忘大功言任重予不敢閉于天降威用天下威用謂誅惡也言我不敢閉絕天所下威用而不行將欲伐四國寧王遺我大寶龜紹天明即命安天下之王謂文王也遺我大寶龜疑則卜之以繼天明就其命而言之言卜不可違曰有大艱于西土西土人亦不靜越茲蠢曰語更端也四國作大難於京師西土人亦不安於此蠢動殷小腆誕敢紀其敍言殷後小腆腆之祿父大敢紀其王業欲復之天降威知我國有疵天下威謂三叔流言故祿父知我周國有疵病民不康曰予復反鄙我周邦祿父言我殷當復彼惑東國人令不安又鄙易我周家道其罪無狀今蠢今翼日民獻有十夫予翼以于敉寧武圖功今天下蠢動今之明日四國人賢者有十夫來翼佐我周用撫安武事謀立其功言人事先應我有大事休朕卜并吉大事戎事也人謀既從卜

下敷字衍

以吉卜告邦君御事以之東征
述邦君御事之言 艱大
述考翼之言 違卜
已前皆敘述之語
此答艱大之言
正望邦君御事相勉

又并吉所以爲美肆予告我友邦君越尹氏庶士御事以美故告我友國諸侯及於王官尹氏卿大夫衆士御治事者言謀及之曰予得吉卜予惟以爾庶邦于伐殷逋播臣用汝衆國往伐殷逋亡之臣謂禄父爾庶邦君越庶士御事罔不反曰艱大汝衆國上下無不反曰征伐四國爲大難叙其情以怵之民不靜亦惟在王宮邦君室言四國不安亦在天子諸侯教化之過自責不能綏近以及遠越予小子考翼不可征王害不違卜於我小子先卜敬成周道若謂今四國不可征則王室有害故宜從卜肆予沖人永思艱曰嗚呼允蠢鰥寡哀哉故我童人成王長思此難而歎曰信蠢動天下使無妻無夫者受其害可哀哉予造天役遺大投艱于朕身我周家爲天下役事遺我甚大投此艱難於我身言不得已越予沖人不卬自恤義爾邦君越爾多士尹氏御事言征四國於我童人不惟自憂而已乃欲施義於汝衆國君臣上下至御治事者綏予曰無毖于恤不可不成乃寧考圖功汝衆國君臣當安勉我曰無勞

考翼父老敬事之人猶云老成也

此答違卜之言
武王承天以卜今日
亦以卜承天

重釋艱大之語同下

天意

民心所欲承上文言天非
諄諄有可信之辭考
之我民爾

於憂不可不成文寧祖聖考文武所謀之功言其以善言之助巳予惟小子不敢替上帝命

不敢廢天命言卜吉當必征之天休于寧王興我小邦周寧王惟卜用

克綏受茲命言天美文王興周者以文王惟卜之用故能安受此天命明卜宜用今天其

相民矧亦惟卜用人獻十夫是天助民況亦用卜乎吉可知矣亦言文王嗚呼天

明畏弼我丕丕基歎天之明德可畏輔成我大大之基業言卜不可違也王曰爾

惟舊人爾丕克遠省爾知寧王若勤哉特命父老之人知文

王故事者大能遠省識古事故知文王若彼之勤勞哉目所親見法之又明天閟毖我成功

所予不敢不極卒寧王圖事閟慎也言天慎勞我周家成功所在我不敢不極盡

文王所謀之事謂致太平肆予大化誘我友邦君我欲極盡文王所謀故大化天下道我友

國諸侯天棐忱辭其考我民言我周家有大化誠辭爲天所輔其成我民矣予曷

民心所惡

堂播之喻責之吾身

伐救之喻責邦君御事

民養謂廝役之人

其不于前寧人圖功攸終。我何其不於前文王安人之道謀立其功所終乎天亦惟用勤毖我民若有疾。天亦勞慎我民欲安之如人有疾欲已云之予曷敢不于前寧人攸受休畢。天欲安民我何敢不於前文王所受美命終畢之王曰若昔朕其逝。朕言艱日思。順古道我其往東征矣我所言國家之難備矣日思念之若考作室既厎法。厥子乃弗肯堂矧肯構。以作室喻治政也父已致法子乃不肯為堂基況肯構立屋乎不為其易則難者可知厥父菑厥子乃弗肯播矧肯穫。又以農喻其父已菑耕其田其子乃不肯播種況肯收穫乎厥考翼其肯曰予有後弗棄基。其父敬事創業而子不能繼成其功其肯言我有後不棄我基業乎今不征是棄之肆予曷敢不越卬敉寧王大命。作室農人猶惡棄基故我何敢不於今日撫循文王大命以征逆乎若兄考乃有友伐厥子。民養其勸弗救。若兄弟父十人蔡氏謂乱臣十人謂周家開國之初皆由括人其時乱臣十人能迪知天命於艱難之中其時邦君御事不敢違上所制今此作難之人延相攻於我室尔乃不知天命之不變易乎

終釋遺卜之語

子之家乃有朋友來伐其子民養其勸心不救者以子惡故以此四國將誅而無救者罪大故王曰嗚呼肆哉爾庶邦君越爾御事。歎今伐四國必克之故以告諸侯及臣下御治事者爽邦由哲亦惟十人迪知上帝命言其故有明國事用智道十人蹈知天命謂人獻十夫來佐周越天棐忱爾時罔敢易法矧今天降戾于周邦於天輔誠汝天下是知無敢易天法況今天下罪於周使四國叛乎惟大艱人誕鄰胥伐于厥室。爾亦不知天命不易惟大爲難之人謂三叔也大近相伐於其室家謂叛逆也若不早誅汝天下亦不知天命之不易也予永念曰天惟喪殷若穡夫予曷敢不終朕畝。稼穡之夫除草養苗我長念天亡殷惡主亦猶是矣我何敢不順天終竟我壟畝乎言當滅殷天亦惟休于前寧人予曷其極卜敢弗于從。天亦惟美于文王受命我何其極卜法敢不於從言必從也率寧人有指疆土矧今卜并吉循文王所朱子嘗疑大誥一篇當時欲得動天下而其大意不過謂周家辛苦創此基業我後人不可不成就之又專歸於卜殊不可曉 履祥按此篇特一時与西方諸侯及朝臣會議非播告天下之文但史臣以前日伐受之誓名太誓此亦然殷故名大誥亦蓋當時武庚之勢内連三監外連淮奄自陝以東大抵皆震故諸侯群臣有艱大之說有遺卜之請意欲閉境自守耳所以篇中反覆告語以天意示之釋其艱大与違卜之意其卑歸於卜者蓋證天命以决其疑也

## 天命

有指意以安疆土則善矣況今卜并吉乎言不可不從 **肆朕誕以爾東征天命不僭**（僭作替）**卜陳惟若茲** 以卜吉之故大以汝衆東征四國天命不僭差卜兆陳列惟若此吉必庶之不可不勉

武王母弟自周公外惟康叔最賢武王[illegible]
叛成王周公征之遷其民以其故地遺民益封康叔爲史記云康叔後於祿父之亂漢書云周公善康叔不從
管蔡之亂是也小序以此爲成王書蓋篇首錯簡誤之亦自胡氏大紀始繫之武王之紀朱子是之蔡氏
謂當在大誥金縢之前

武王封康叔之書小
序誤
梓材亦誤序於此
此叙蘇氏謂洛誥之
錯簡朱子從之按此
叙洛誥亦未協當是梓
材之叙詳辯于梓材召
誥之首

# 尚書卷第八

周書　孔氏傳

## 康誥第十一

成王既伐管叔蔡叔（滅三監）以殷餘民封康叔（以三監之民國康叔爲衛侯周公懲其數叛故使賢母弟主之）作康誥酒誥梓材（命康叔之誥康圻內國名叔封字）

惟三月哉生魄（周公攝政七年三月始生魄月十六日明消而魄生）周公初基作新大邑于東國洛（初造基建作王城大都邑於東國洛汭居天下土中四方之民大和悅而集會）四方民大和會侯甸男邦采衛百工播民和見士于周（此五服諸侯服五百里侯服去王城千里甸服千五百里男服去王城二千里采服二千五百里衛服三千里與禹貢異制五服之百官播率其民和悅並見即事於周）周公咸勤乃洪大誥治（周公皆勞勉五服之人遂乃因大封命大誥以治道）王若曰孟侯朕其弟小子封（周公稱成王命順康叔之德命爲孟侯孟長也）

明德謹罰
蔡云一篇大意
此章推原文王德
業以致克殷而有
天下寡兄武王自謂
也肆朱子云忽遂
之意言康州忽遂
有此東土也

明德

五侯之長謂方伯使康叔爲之言王使我命其弟封封康叔名稱小子明當受教訓惟乃丕顯考文王克明德愼罰惟汝大明父文王能顯用俊德愼去刑罰以爲教首不敢侮鰥寡庸庸祗祗威威顯民惠恤窮民不慢鰥夫寡婦用可用敬可敬刑可刑明此道以示民用肇造我區夏越我一二邦以修用此明德愼罰之道始爲政於我區域諸夏故於我一二邦皆以修治我西土惟時怙冒聞于上帝帝休我西土岐周惟是怙恃文王之道故其政教冒被四表上聞于天天美其治天乃大命文王殪戎殷誕受厥命天美文王乃大命之殺兵殷大受其王命謂三分天下有其二以授武王越厥邦厥民惟時敘於其國於其民惟是次敘皆文王教乃寡兄勗肆汝小子封在茲東土汝寡有之兄武王勉行文王之道故汝小子封得在此東土爲諸侯王曰嗚呼封汝念哉念我所以告汝之言今民將在祗遹乃文考紹聞衣德言今治民將在敬

此章欲康叔本之家
學參之國俗之舊又
別求之古先所以廣其
性天動有餘用保乂知
訓康叔更互成文皆謂
治化耳

天威可畏以其命匪可
信民情可見以其小人
難保

怨豈在明不見是圖怨不
在大也与其寡怨孰若無
怨怨不在小也在於能惠
人所不及惠勉人所不能

循汝文德之父繼其所聞服行其德言以爲政教往敷求于殷先哲王用保乂民汝往之國當布求殷先智王之道用安治民汝丕遠惟商耇成人宅心知訓汝當大遠求商家耇老成人之道常以居心則知訓民別求聞由古先哲王用康保民又當別求所聞父兄用古先智王之道用其安者以安民弘于天若德裕乃身不廢在王命大于天爲順德則不見廢常在王命王曰：嗚呼！小子封，恫瘝乃身，敬哉！恫痛瘝病治民務除惡政當如痛病在汝身欲去之敬行我言天畏棐忱，民情大可見，小人難保。天德可畏以其輔誠人情大可見以小人難安往盡乃心，無康好逸豫，乃其乂民。往當盡汝心爲政無自安好逸豫寛身其乃治民我聞曰：怨不在大，亦不在小。惠不惠，懋不懋。不在大起於小不在小小至於大言怨不可爲故當使不順者順不勉者勉巳！汝惟小子，乃服惟弘王應保殷

勉則小大之怨俱無矣

謹罰

有叙謂為政自有次第必大明智乏以服人則民勅勉於和所謂大畏民志也以去疾之心去惡則民皆自棄其咎所謂無諸己而後非諸人也以安赤子之心愛民則惟民其康乂所謂心誠求之者也

民已乎汝惟小子乃當服行德政惟弘大王道上以應天下以安我所受殷民衆亦惟助王宅天命。
作新民。弘王道安殷民亦所以惟助王者居順天命為民日新之教王曰嗚呼。封。敬明
乃罰。數而勑之凡行刑罰汝必敬明之欲其重慎人有小罪非眚乃惟終自作
不典式爾。小罪非過失乃惟終自行之自為不常用犯汝有厥罪小。乃不可不殺。
乃有大罪。非終乃惟眚災適爾既道極厥辜。時乃不
可殺。汝盡聽訟之理以極其罪是人所犯亦不可殺當以罰宥論之王曰嗚呼。封。有敘時。
乃大明服。數政教有次敘是乃治理大明則民服惟民其勑懋和。民既服化乃其自勑正勉
為和若有疾惟民其畢棄咎。化惡為善如欲去疾治之以理則惟民其盡棄惡修善若
保赤子惟民其康乂。愛養人如安孩兒赤子不失其欲惟民其皆安治非汝封
刑人殺人。言得刑殺罪人無或刑人殺人。無以得刑殺人而有妄刑殺非辜者非汝封又

外事獄之未成未達于康叔者此有司之事也要囚獄之已成已達于康叔者此
則康叔之事也事在有司但當示之準的法其例格事在康叔則一成而不可
變故必詳審久之而後斷焉

臬 說文準的

曰劓刵人劓截鼻刵截耳刑之輕者亦言所得行無或劓刵人所以舉輕以戒爲人輕行之王曰外事汝陳時臬司師兹殷罰有倫言外工諸侯奉王事汝當布陳是法司牧其衆及此殷家刑罰有倫理者兼用之又曰要囚服念五六日至于旬時丕蔽要囚要囚謂察其要辭以斷獄既得其辭服膺思念五六日至於十日至于三月乃大斷之言必反覆思念重刑之至也王曰汝陳時臬事罰蔽殷彝陳是法事其刑罰斷獄用殷家常法謂典刑故事用其義刑義殺勿庸以次汝封義宜也用舊法典刑宜於時世者以刑殺勿用以就汝封之心所安乃汝盡遜曰時敘惟曰未有遜事乃使汝所行盡順曰是有次敘惟當自謂未有順事君子將與自以爲不足已汝惟小子未其有若汝封之心朕心朕德惟乃知也乎他人未其有若汝封之心言汝心最善我心我德惟汝所知欲其明成王所以命已之款心凡民自得罪寇攘姦宄殺越

次 迓就之意
荀子作即

刑殺非吾本心皆民自作

罪惡爲人心所同惡亦然民之罪有大於此者凡不孝不慈不友不恭者是

字古文作孳

人于貨。（凡民用得罪爲寇盜攘竊姦宄殺人顛越人於是以取貨利）暋不畏死罔弗憝。（暋強也自強爲惡而不畏死人無不惡之者言當消絕之）王曰封元惡大憝矧惟不孝不友。（大惡之人猶爲人所大惡況不善父母不友兄弟者乎言人之罪惡莫大於不孝不友）子弗祗服厥父事大傷厥考心。（爲人子不能敬身服行父道而怠忽其業大傷其父心是不孝）于父不能字厥子乃疾厥子。（於爲人父不能字愛其子乃疾惡其子是不慈）于弟弗念天顯乃弗克恭厥兄。（於爲人弟不念天之明道乃不能恭事其兄是不恭）兄亦不念鞠子哀大不友于弟。（爲人兄亦不念稚子之可哀大不篤友于弟是不友）惟弔茲不于我政人得罪。（惟人至此不孝不慈不友不恭不於我執政之人得罪乎道教不至所致）天惟與我民彝大泯亂。（天與我民五常使父義母慈兄友弟恭子孝而廢棄不行是大滅亂天道）曰乃其速由文王作罰刑茲無赦。（言當速用文王所作違教之罰刑此亂五常者無得赦）不率大

然不率之罪又有大可擊伐者凡為臣而不忠者是

戛說文戟也擊伐之義

君長之罪勉康叔

臣者民之表故責民之不孝恭其大又在責臣之不忠君長者臣之表故責臣之不忠則為君長者又不可不自責而盡其道也

戛矧惟外庶子訓人戛常也凡民不循大常之教猶刑之無赦況在外掌衆子之官主訓民者而親犯乎惟厥正人越小臣諸節惟其正官之人於小臣諸有符節之吏及外庶子其有不循大常者則亦在無赦之科乃別播敷造民大譽弗念弗庸瘝厥君時乃引惡惟朕憝汝今往之國當分別播布德教以立民大善之譽若不念我言不用我法者病其君道是汝長惡惟我亦惡汝已汝乃其速由茲義率殺亦惟君惟長汝乃其速用此典刑宜於時世者循理以刑殺則亦惟君長之正道不能厥家人越厥小臣外正惟威惟虐大放王命乃非德用乂爲人君長而不能治其家人之道則於其小臣外正官之吏並爲威虐大放棄王命乃由非德用治之故汝亦罔不克敬典乃由裕民惟文王之敬忌常事人之所輕故戒以無不能敬常汝用寬民之道當惟念文王之所敬忌而法之乃裕民曰我惟有及則予一人以懌汝行寬民之政曰我惟有及於古則我一人以此悅

武王自責之意

前責之民因責之臣
責之臣因責之康叔
此二章武王又反之身
而自責焉篇中一節上
上一節

蔡云此下勉其不用罰
而用德

懌汝德王曰封爽惟民迪吉康明惟治民之道而善安之我時其惟殷先哲王德用康乂民作求我是其惟殷先智王之德用安治民爲求等矧今民罔迪不適不迪則罔政在厥邦治民乃欲求等殷先智王況今民無道不之言從教也不以道訓之則無善政在其國王曰封予惟不可不監告汝德之說于罰之行我惟不可不監視古義告汝施德之說於罰之所行欲其勤德慎刑今惟民不靜未戾厥心迪屢未同假令今天下民不安未定其心於周教道屢數而未和同設事之言爽惟天其罰殛我我其不怨明惟天其以民不安罰誅我我其不怨天汝不治我罰汝汝亦不可怨我惟厥罪無在大亦無在多矧曰其尚顯聞于天民之不安雖小邑少民猶有罰誅不在多大況曰不愼罰明聞於天者乎言罪大王曰嗚呼封敬哉無作怨勿用非謀非彝言當修已以敬無爲可怨之事勿用非善謀非常法蔽時忱丕則敏德

求 配也對也如詩好求之求

此篇亦武王書，与康誥同

明大命于妹邦
令康叔明大命化商

斷行是誠道大法敏德信則人任焉敏則有功用康乃心顧乃德遠乃猷。用是誠道
安汝心顧省汝德無令有非遠汝謀思爲長久裕乃以民寧，不汝瑕殄。行寬政乃以民
安則我不汝罪過不絕亡汝王曰：嗚呼！肆汝小子封，惟命不于常，
以民安則不絕亡汝故當念天命之不於常汝行善則得之行惡則失之汝念哉！無我殄。無絕棄我言而
不念享明乃服命，享有國土當明汝所服行之命令使可則高乃聽，用康乂民。高汝
聽聽先王道德之言以安治民王若曰：往哉封，勿替敬典，汝往之國勿廢所宜敬之常法
聽朕告汝，乃以殷民世享。順從我所告之言即汝乃以殷民世世享國福流後世

# 酒誥第十二　周書　孔氏傳

酒誥。康叔監殷民殷民化紂嗜酒故以戒酒誥王若曰：明大命于妹邦。周公以成
王命誥康叔順其事而言之欲令明施大教命於妹國妹地名紂所都朝歌以北是乃穆考文王肇

述文王教西土之大命
諸侯　群臣
教小子及庶國
又使民自教小子

國在西土父昭子穆文王第稱穆將言始國在西土西土岐周之政厥誥毖庶邦庶士
越少正御事朝夕曰祀茲酒文王其所告慎衆國衆士於少正官御治事吏朝夕勑之
惟祭祀而用此酒不常飲惟天降命肇我民惟元祀惟天下教命始令我民知作酒者惟
爲祭祀天降威我民用大亂喪德亦罔非酒惟行天下威罰使民
亂德亦無非以酒爲行者言酒本爲祭祀亦爲亂行越小大邦用喪亦罔非酒惟
辜於小大之國所用喪亡亦無不以酒爲罪也文王誥教小子有正有事無
彝酒小子民之子孫也正官治事謂下羣吏教之皆無常飲酒越庶國飲惟祀德將無
醉於所治衆國飲酒惟當因祭祀以德自將無令至醉惟曰我民迪小子惟土物
愛厥心臧文王化我民教道子孫惟土地所生之物皆愛惜之則其心善聰聽祖考之彝
訓越小大德小子惟一言子孫皆聰聽父祖之常教於小大之人皆念德則子孫惟專一

羞耇惟君謂薦羞于老与羞于君所也按儀礼君燕其臣凡羞于君者皆士也此謂惟養老与燕于公所所

則可飲酒饋祀礼畢則可飲酒○惟与也書中歷舉之辭皆曰惟上文惟曰下文畏相惟御事与貢羽毛毛

惟木武成重民五教惟食喪祭皆是訓與

此下教妹土之天命

教妹土之民 謂妹土之民繼此以後手足專於種藝走事免服牽遠賈以養父母喜慶則用酒

教妹土之臣

妹土嗣爾股肱純其藝黍稷奔走事厥考厥長今往當使妹土之人繼汝股肱之教爲純一之行其當勤種黍稷奔走事其父兄肇牽車牛遠服賈用孝養厥父母農功既畢始牽車牛載其所有求易所無遠行賈賣用其所得珍異孝養其父母厥父母慶自洗腆致用酒其父母善子之行子乃自絜厚致用酒養也庶士有正越庶伯君子其爾典聽朕教衆伯君子長官大夫統衆士有正者其汝常聽我教勿違犯爾大克羞耇惟君爾乃飲食醉飽汝大能進老成人之道則爲君矣如此汝乃飲食醉飽之道先戒羣吏以聽教次戒康叔以君義丕惟曰爾克永觀省作稽中德我大惟教汝曰汝能長觀省古道爲考中正之德則君道成矣爾尚克羞饋祀爾乃自介用逸能考中德則汝庶幾能進饋祀於祖考矣能進饋祀則汝乃能自大用逸之道茲乃允惟王正事之臣汝能以進老成人爲醉飽考中德爲用逸則此乃信任王者正事之大臣茲亦惟天

此下誥康叔棐徂非遠也前章命康叔述文王西土之教以教妹邦故此章又總言以明謚之謂我西土非己往遠事也其邦君御事小子當克用文王教不腆于酒

此述商先王不飲之德

君元德永不忘在王家言此非但正事之臣亦惟天順其大德而佑之長不見忘在王家

王曰封我西土棐徂邦君御事小子尚克用文王教

不腆于酒我文王在西土輔訓往日國君及御治事者下故民子孫皆庶幾能用上教不厚於酒言不常飲

我至于今克受殷之命以不厚於酒故我周家至于今能受殷王之命王曰封

我聞惟曰在昔殷先哲王迪畏天顯小民聞之於古殷先智王

謂湯蹈道畏天明著小民經德秉哲自成湯咸至于帝乙成王畏

相能常德持智從湯至帝乙中間之王猶保成其王道畏敬輔相之臣不敢爲非惟御事厥棐有

恭不敢自暇自逸惟殷御治事之臣其輔佐畏相之君有恭敬之德不敢自寬暇自逸豫矧

曰其敢崇飲崇聚也自暇自逸猶不敢況敢聚會飲酒乎明無也越在外服侯甸

男衛邦伯於在外國侯服甸服男服衛服國伯諸侯之長言皆化湯畏相之德越在內服百

商先臣不飲之俗

我聞惟曰云云謂成湯畏上天之明命畏小民之難保經德於己而秉哲以用人垂統如此故自湯而下至于帝乙雖

歷世久遠而皆能成其君道畏敬相臣與御事之人然匪外爲恭也實不敢自暇逸況敢崇飲乎此章皆

言商先王爲君之事越在內外服始言諸臣舊說惟御事以下爲言臣事者非也惟訓與解見上文○君

不敢飲臣不惟不敢亦不暇飲

述商後王飲酒之禍及其臣民群飲之辜

僚庶尹惟亞惟服宗工於在內服治事百官衆正及次大夫服事尊官亦不自逸越百姓里居於百官族姓及卿大夫致仕居田里者罔敢湎于酒不惟不敢亦不暇自外服至里居皆無敢沈湎於酒非徒不敢志在助君敬法亦不暇飲酒惟助成王德顯越尹人祗辟所以不暇飲酒惟助其君成王道明其德於正人之道必正身敬法其身正不令而行我聞亦惟曰在今後嗣王酣身嗣王紂也酣樂其身不憂政事厥命罔顯于民祗保越怨不易言紂暴虐施其政令於民無顯明之德所敬所安皆在於怨不可變易誕惟厥縱淫泆于非彝用燕喪威儀民罔不盡傷心紂大惟其縱淫泆于非常用燕安喪其威儀民無不盡然痛傷其心惟荒腆于酒不惟自息乃逸言紂大厚於酒晝夜不念自息乃過差厥心疾很不克畏死紂疾很其心不能畏死言無忌憚辜在商邑越殷國滅無罹紂聚罪人在都邑而任之於殷國滅亡無憂懼弗惟德馨香

弗惟明德馨香之登聞　誕惟怨氣沉湎之腥聞

商亡

以商爲監

以下勉康叔誥毖商之遺臣諸侯達官之長及康叔之臣國之三卿以及康叔之身皆當剛制于酒

祀登聞于天。誕惟民怨。紂不念發聞其德使祀見享升聞於天大行淫虐惟爲民所怨咎

庶羣自酒腥聞在上。故天降喪于殷。罔愛于殷。惟逸。紂衆羣臣用酒沈荒腥穢聞在上天故天下喪亡於殷無愛於殷惟以紂奢逸故

天非虐。惟民自速辜。言凡爲天所亡天非虐民惟民行惡自召罪

王曰封。予不惟若茲多誥。我不惟若此多誥汝我親行之

古人有言曰。人無於水監。當於民監。古賢聖有言人無於水監當於民監視水見已形視民行事見吉凶

今惟殷墜厥命。我其可不大監撫于時。今惟殷紂無道墜失天命我其可不大視此爲戒撫安天下於是

予惟曰。汝劼毖殷獻臣。劼固也我惟告汝曰汝當固慎殷之善臣信用之

侯甸男衛。矧太史友內史友。侯甸男衛之國當慎接之況太史內史掌國典法所賓友乎

越獻臣百宗工。矧惟爾事服休服采。於善臣百尊官不可不慎況汝身事服行美道服事治民乎

矧惟若疇田圻父薄違農

侯甸男衛殷畿内外田邦諸侯也康叔孟侯實使長之固當勅惡之也受爲淫酗諸侯群臣習以成風故康叔治殷
而專以酒爲誥然名爲獻臣者則固賢矣亦在誥慾之數何也習俗移人賢或不免如兩晉清談風流雖諸名賢不
能免者况燕飲之習士大夫皆所易流是以不但誥慾獻臣耳併康叔之臣以及康叔之身亦与有剛制之
戒管蔡唯不能謹遂爲武庚所醉卒陷於惡豈不甚可畏也

禁殷民之飲 防乱

禁殷臣之飲

不治臣之湎酒則民
皆湎酒矣

父圻父司馬農父司徒身事且宜敬慎况所順疇咨之司馬乎况能迫迴萬民之司徒乎言任大若保宏父定
辟矧汝剛制于酒宏大也宏父司空當順安之司馬司徒司空列國諸侯三卿慎擇其人而任之則君
道定况汝剛斷於酒乎厥或誥曰羣飲汝勿佚其有誥汝曰民羣聚飲酒不用上命則汝收捕
之勿令失也盡執拘以歸于周予其殺盡執拘羣飲酒者以歸於京師我其擇罪重者而殺
之又惟殷之迪諸臣惟工乃湎于酒勿庸殺之又惟紂家蹈惡
俗諸臣惟衆官化紂日久乃沈湎於酒勿用法殺之姑惟教之有斯明享以其漸染惡俗故必三申
法令且惟教之則汝有此明訓以享國乃不用我教辭惟我一人弗恤弗蠲
乃事時同于殺汝若忽怠不用我教辭惟我一人不憂汝乃不潔汝政事是汝同於見殺之罪王曰
封汝典聽朕毖汝當常聽念我所慎而篤行之勿辯乃司民湎于酒辯使
也勿使汝主民之吏湎於酒言當正身以帥民

此篇周公營洛道王德意以諭諸侯之書其叙誤冠康誥而謂洪大誥治者以前有大誥並名梓材按大傳今文當有周公曰而無封字首勉邦君通上下之情及為邦君喻卿大夫之語

又勉邦君寧先勞來其民

宥罪戾

述王啓監之言戒其虐害

# 梓材第十三 惟三月哉生魄周公初基乃洪大誥治

周書　　孔氏傳

梓材告康叔以為政之道亦如梓人治材王曰封以厥庶民暨厥臣達大家言當用其衆人之賢者與其小臣之良者以通達卿大夫及都家之政於國以厥臣達王惟邦君汝當信用其臣以通王教於民言通民事於國通王教於民惟乃國君之道汝若恒越曰我有師師汝惟君道使順常於是曰我有典常之師可師法司徒司馬司空尹旅曰予罔厲殺人言國之三卿正官衆大夫皆順典常而曰我無厲虐殺人之事如此則善矣亦厥君先敬勞肆徂厥敬勞亦其為君之道當先敬勞民故汝往治民必敬勞來之肆往姦宄殺人歷人宥以民當敬勞之故汝往之國又當詳察姦宄之人及殺人賊所過歷之人有所寬宥亦所以敬勞之肆亦見厥君事戕敗人宥聽民訟折獄當務從寬恕故往治亦當見其為君之事察民以過誤殘敗人者當寬宥之王啓監厥亂為民言王者開置監官其治為民不可不勉曰無

惟三月哉生魄周公初基作新大邑于東國洛四方民大和會侯甸男邦采衛百工播民和見士于周周公咸勤乃洪大誥治

見疑

作為

傳曰成王合諸侯城成周為東都諸侯之礼君行師從師師者一師之長三卿是也卿行旅從尹旅者一旅之長卿之副也古者有大役作則司徒帥徒庶司空書其土疆司馬以軍法治之罔厲殺人不欲以軍法治也姦宄殺人其所連歷之人及為公家事傷人者皆入于罪隸今既服此大役皆赦為良民孤寡之子在役者与舂稾臣妾者皆優恤之

梓材伏生今文作周公教伯禽之書安國古文作成王誥康叔之書王介甫吳才老朱子蔡氏皆疑之吳才老斷自王啓監以下似

洛誥文蔡氏斷自今王惟曰以下人臣告君之辭今按此書即康誥之叙所謂惟三月云云乃洪大誥治者即召誥之叙所謂周公用書命

侯甸男邦伯者也本与多士篇同列今竄於召誥之前又誤亞於康誥酒誥之後故其序誤冠康誥之首而首句又誤衍洛誥

之尾而因封也且蘇氏既以康誥之叙為洛誥之叙而吳氏又以梓材之文似洛誥之文朱子皆嘗是之則是前儒之意

皆以此為營洛之書矣今以康誥之叙冠梓材之書則前半篇即周公咸勤之事後半篇即洪大誥治之文集庶邦

一節則營東都為四方朝貢道里之均先後迷民一節乃遷殷遷洛密邇王室之化似復古書之舊云

恤孤寡

述王教邦君在於養恬

古若茲監罔攸辟
前是周公咸勤
後是洪大誥治

此洛之議
繼志述事以文太平

述王之言為庶邦朝貢之地
自惟曰以後既字多

胥戕無胥虐至于敬寡至于屬婦合由以容當教民無得相戕傷相虐殺至於敬養寡弱至於存恤妾婦和合其教用大道以容之無令見寃枉王其效邦君越御事厥命曷以王者其效實國君及於御治事者知其教命所施何罔不可不勤引養引恬自古王若茲監罔攸辟能長養民長安民用古王道如此監無所復罪當務之惟曰若稽田既勤敷菑惟其陳修為厥疆畎言為君監民惟若農夫之考田已勞力布發之惟其陳列修治為其疆畔畎壟然後功成以喻教化若作室家既勤垣墉惟其塗墍茨如人為室家已勤立垣墻惟其當塗墍茨蓋之若作梓材既勤樸斲惟其塗丹雘為政之術如梓人治材為器已勞力樸治斲削惟其當塗以漆用以朱而後成以言教化亦須禮義然後治今王惟曰先王既勤用明德懷為夾言文武已勤用明德懷遠為近波治國當法之庶邦享作兄弟方來亦既用明德衆國朝享

作矜寡

下文述王之意為化殷之計

若茲監永保民

叙

於王又親仁善鄰爲兄弟之國方方皆來賓服亦已奉用先王之明德后式典集庶邦丕享君天下能用常法則和集衆國大來朝享皇天既付中國民越厥疆土于先王肆大天已付周家治中國民矣能遠拓其界壤則於先王之道遂大王惟德用和懌先後迷民用懌先王受命今王惟用德和悅先後天下迷惑之民先後謂教訓所以悅先王受命之義已若茲監惟曰欲至于萬年惟王爲監所行已如此所陳法則我周家惟欲使至於萬年承奉王室子子孫孫永保民又欲令其子孫累世長居國以安民

召誥第十四　周書　孔氏傳

成王在豐欲宅洛邑武王克商遷九鼎於洛邑欲以爲都故成王居焉使召公先相宅相所居而卜之遂以陳戒作召誥召誥召公以成王新即政因相宅以作誥惟二月既望周公攝政七年二月十五日日月相望因紀之越六日乙未王朝步自周

召公至洛

周公至洛

則至于豐於巳望後六日二十一日成王朝行從鎬京則至于豐以遷都之事告文王廟告文王則告武王可知以祖見考惟太保先周公相宅太保三公官名召公也召公於周公前相視洛居周公後往越若來三月惟丙午朏越三日戊申太保朝至于洛卜宅朏明也月三日明生之名於順來三月丙午朏於朏三日三月五日召公早朝至於洛邑相卜所居厥既得卜則經營其已得吉卜則經營規度城郭郊廟朝市之位處越三日庚戌太保乃以庶殷攻位于洛汭越五日甲寅位成於戊申三日庚戌以衆殷之民治都邑之位於洛水北今河南城也於庚戌五日所治之位皆成言衆殷本其所自來若翼日乙卯周公朝至于洛周公順位成之明日而朝至於洛汭則達觀于新邑營周公通達觀新邑所營言周徧越三日丁巳用牲于郊牛二於乙卯三日用牲告立郊位於天以后稷配故二牛后稷貌於天有羊豕羊豕不見可知越翼日戊午乃社于新邑牛一羊一豕一告立社稷

用書命庶殷即多士之
書所謂惟三月周公初于
新邑洛用告商王士者也
侯甸男邦伯亦必有書其
叙逸出于康誥所謂惟
三月初基云云乃洛大誥
治者其書即梓材之篇

誥周公至洛以王命命庶
殷諭諸侯名公將陳
戒于王亦因公以達
化商本於自治

一篇大意 休 恤 敬

之位用太牢也共工氏子曰句龍能平水土祀以爲社周祖后稷能殖百穀祀以爲稷社稷共牢越七日甲子周
公乃朝用書命庶殷侯甸男邦伯於戊午七日甲子是時諸侯皆會故周公乃昧
爽以賦功屬役書命衆殷侯甸男服之邦伯使就功邦伯方伯即州牧也厥既命殷庶庶殷丕作
其已命殷衆衆殷之民大作言勸事太保乃以庶邦冢君出取幣乃復入諸侯
公卿並觀於王王與周公俱至文不見王無事召公與諸侯出取幣欲因大會顯周公錫周公曰拜手稽
首旅王若公召公以幣入稱成王命賜周公曰敢拜手稽首陳王所宜順周公之事誥告庶殷越
自乃御事召公指戒成王而以衆殷諸侯於自乃御治事爲辭謙也諸侯在故託焉嗚呼皇天上
帝改厥元子茲大國殷之命歎皇天改其太子此大國殷之命言紂雖爲天所太子無道猶
改之言不可不慎惟王受命無疆惟休亦無疆惟恤所以戒成王天改殷命惟
王受之乃無窮惟美亦無窮惟當憂之嗚呼曷其奈何弗敬何其奈何不憂敬之欲其行敬天

監殷之休

監殷之恤

天哀民而眷周其命方懋王當疾

敬德敬德以保之

監二代之休之恤

既遐終大邦殷之命。茲殷多先哲王在天言天已遠終殷命此殷多先智王精神在天不能救者以紂不行敬故越厥後王後民茲服厥命於其後王後民謂先智王之後繼世君臣此服其命言不忝厥終智藏瘝在其終後王之終謂紂也賢智隱藏瘝病者在位言無良臣夫知保抱攜持厥婦子以哀籲天徂厥亡出執言困於虐政夫知保抱其子攜持其妻以哀號呼天告冤無辜往其逃亡出見執殺無地自容所以窮嗚呼天亦哀于四方民其眷命用懋民哀呼天天亦哀之其顧視天下有德者命用勉敬者爲民主王其疾敬德相古先民有夏言王當疾行敬德視古先民有夏之王以爲法戒之天迪從子保面稽天若今時既墜厥命夏禹能敬德天道從而子安之禹亦面考天心而順之令是桀棄禹之道天已墜其王命今相有殷次復觀有殷天迪格保面稽天若言天道所以至於保安湯者亦如禹今時既墜厥命墜其王命今沖子嗣則無

敬德之事

宅洛今日之休

化商今日之極

敬老

敬民

遺壽耇童子言成王少嗣位治政無遺棄老成人之言欲其法之曰其稽我古人之德矧曰其有能稽謀自天沖子成王其考行古人之德則善矣况曰其有能考謀從天道乎言至善嗚呼有王雖小元子哉其丕能諴于小民今休召公歎曰有成王雖少而大為天所子其大能和於小民成今之美勉之王不敢後用顧畏于民碞王為政當不敢後能用之士必任之為先慮碞僭也又當顧畏於下民僭差禮義能此二者則德化立美道成王來紹上帝自服于土中言王今來居洛邑繼天為治躬自服行教化於地勢正中旦曰其作大邑其自時配皇天稱周公言其為大邑於土中其用是大邑配天而為治毖祀于上下其自時中乂為治當慎祀于天地則其用是土中大致治王厥有成命治民今休用是土中致治則王其有天之成命治民今獲太平之美王先服殷御事比介于我有周御事召公既述周公所言又自陳己意以終其戒言當先服治殷家御事之臣使比近於我有周治事之臣必

敬德

監二代之休恤

我不敢測知其存亡之故惟不敬德所以墜命

今王繼二代而受天命當繼其所以有功者不可跡其所以亡也

宅洛之初

和協乃可一節性惟日其邁和比殷周之臣時節其性令不失中則道化惟日其行王敬作所不可不敬德敬為所不可不敬之德則下敬奉其命矣我不可不監于有夏亦不可不監于有殷言王當視夏殷法其歷年戒其不長我不敢知曰有夏服天命惟有歷年以能敬德故多歷年數我不敢獨知亦王所知我不敢知曰不其延惟不敬厥德乃早墜厥命言桀不謀長久惟以不敬其德故乃早墜失其王命亦王所知我不敢知曰有殷受天命惟有歷年言夏服殷言受明受而服行之互相兼也殷之賢王猶夏之賢王所以歷年亦王所知我不敢知曰不其延惟不敬厥德乃早墜厥命紂早墜其命猶桀不敬其德亦王所知今王嗣受厥命我亦惟茲二國命嗣若功其夏殷也繼受其王命亦惟當以此夏殷長短之命為監戒繼順其功德者而法則之王乃初服嗚呼若生子罔不

其知二字相應謂天其命休耶否耶不可知我所知者宅洛之初惟疾敬德以德保天而已

此下戒之勉之要在敬民

此書旅王若公所以有上下勤恤之語

在厥初生自貽哲命言王新即政始服行教化當如子之初生習為善則善矣自遺智命無不在其初生為政之道亦猶是也今天其命哲命吉凶命歷年今天制此三命惟人所修修敬德則有智則常吉則歷年為不敬德則愚凶不長雖說之其實在人知今我初服宅新邑肆惟王其疾敬德天已知我王今初服政居新邑洛都故惟王其當疾行敬德王其德之用祈天永命言王當其德之用求天長命以歷年其惟王勿以小民淫用非彝勿用小民過用非彝常欲其重民秉常亦敢殄戮用乂民亦當果敢絕刑戮之道用治民戒以慎罰若有功其惟王位在德元順行禹湯所有成功則其惟王居位在德之首小民乃惟刑用于天下越王顯王在德元則小民乃惟用法於天下言治政於王亦有光明上下勤恤其曰我受天命丕若有夏歷年式勿替有殷歷年言當君臣勤憂敬德曰我受天命大順有夏之多歷年勿用廢有殷歷年庶幾兼之欲王以

末章旅王之辭

小民受天永命。我欲王用、小民受天長命，言常有民。拜手稽首曰：予小臣

敢以王之讎民百君子。拜手首至手，稽首首至地，盡禮致敬以入其言。言我小臣謙辭，敢以王之匹民百君子治民者非一人，言民在下自上匹之。越友民保受王威命明德。言與匹民百君子於友愛民者共安受王之威命明德奉行之。王末有成命，王亦顯。臣下安受王命，則王終有天成命於王，亦昭著。我非敢勤，惟恭奉幣，用供王能祈天永命。言我非敢獨勤而已，惟恭敬奉其幣帛，用供待王能求天長命，將以慶王多福，必上下勤恤，乃與小民受天永命。

首章周公至洛伻來獻圖卜之辭復反命也一云告也如顧有復者復於王之復

舊云卜黎卜澗東瀍西爲卜王城卜瀍東爲卜下都按召公戊申至洛卜宅則王城已卜得卜經營則卜之已吉後七日周公至達觀新邑營不應又改卜也意者召公卜王城周公卜下都皆惟

尚書卷第九

周書　孔氏傳

洛誥第十五

召公既相宅周公往營成周使來告卜召公先相宅卜之周公自後至經營作之遣使以所卜吉兆逆告成王作洛誥洛誥既成洛邑將致政成王告以居洛之義周公拜手稽首曰朕復子明辟周公盡禮致敬言我復還明君之政於子子成王年二十成人故必歸政而退老王如弗敢及天基命定命如往也言王往日幼少不敢及知天始命周家安定天下之命故已攝予乃胤保大相東土其基作民明辟我乃繼文武安天下之道大相洛邑其始爲民明君之治予惟乙卯朝至于洛師致政在冬本其春來至洛衆說始卜定都之意我卜河朔黎水我乃卜澗水東瀍水西惟洛食我使人卜河北黎水不吉又卜澗瀍之間南近洛吉今河南城也[illegible]必先墨畫龜然後灼之兆順食墨我又卜

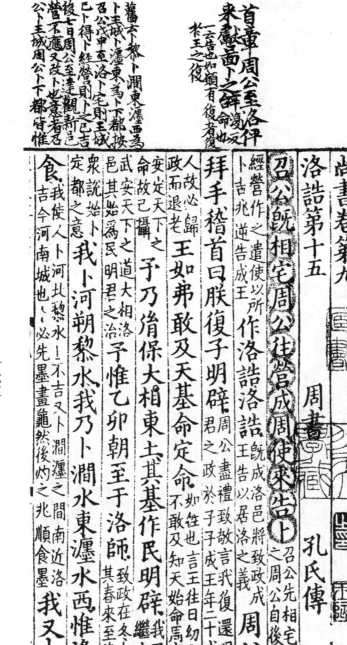

洛食則是洛邑之地利於君亦利於民也

成王荅謝周公之辭

周公勉成王以宅洛之事

朱子曰自此以後漸不可曉蓋不知何時

瀍水東亦惟洛食伻來以圖及獻卜今洛陽也將定下都遷殷頑民故并卜之遺使以所卜地圖及獻所卜吉兆來告成王王拜手稽首曰公不敢不敬天之休來相宅其作周匹休成王尊敬周公荅其拜手稽首而受其言述而美之言公不敢不敬天之美來相宅其作周以配天之美公既定宅伻來來視予卜休恒吉我二人共貞言公前已定宅遣使來來視我以所卜之美常吉之居我與公共正其美公其以予萬億年敬天之休公其當用我萬億年敬天之美十千爲萬十萬爲億言久遠拜手稽首誨言成王盡禮致敬於周公求教誨之言周公曰王肇稱殷禮祀于新邑咸秩無文言王當始舉殷家祭祀以禮典祀於新邑皆次秩不在禮文者而祀之予齊百工伻從王于周予惟曰庶有事我整齊百官使從王於周行其禮典我惟曰庶幾有善政事今王即命曰記功宗以功作元祀今王就行王命於洛邑曰當記人之功尊

御群臣

召誥洛誥相為首尾惟洛誥所紀若無倫次有周公至洛使告營卜往復之辭有周公歸周迎王往洛對荅之辭有成王在洛留周公于後而歸之辭有周公為王留洛相勉叙述之辭辭從其辭事從其事各以類附然無往來先後之叙盖其日月必已具在繫年之史故與篇事辭各以類附不嫌於乱雜但其間亦必有缺文錯簡皆伏生口授之訛而孔氏又以所聞伏生之書為定以此致誤

燄小明也火始燄燄其所以彰灼者次第不可遏也人主以小明自用則機燄而日熾矣

予齊百工伻從王于周與惟以在周工往新邑等語當是周公率百官迎王於周以往洛之辭

明謂友之也

後漢書引此作其朋其朋 又作慎其往

明作振勵之中有忠厚寬大之意

御諸侯

人亦當用功大小爲序有大功則列大祀謂功施於民者惇命曰汝受命篤弼丕視功載乃汝其悉自教工惟天命我周邦汝受天命厚矣當輔大天命視羣臣有功者記載之乃汝新即改其尚盡自教衆官躬化之孺子其朋孺子其朋其往少子慎其朋黨少子慎其朋黨戒其自今已往無若火始燄燄厥攸灼敘弗其絕言朋黨敗俗所宜禁絕無令若火始然燄燄尚微其所及灼然有次序不其絕事從微至著防之宜以初厥若彝及撫事如予惟以在周工其順常道及撫國事如我所爲惟用在周之百官往新邑伻嚮即有僚明作有功惇大成裕汝永有辭往行政化於新邑當使臣下各嚮就有官明爲有功厚大成寬裕之德則汝長有歎譽之辭於後世公曰已汝惟沖子惟終已乎汝惟童子嗣父祖之位惟當終其美業汝其敬識百辟享亦識其有不享享多儀儀不及物惟曰不享奉上謂之享言汝爲王其當敬識百君諸侯之

施教化

棐輔下同

洪成王答周公前章祀于新邑及教工擾事明作惇大等語

奉上者亦識其有違上者奉上之道多威儀威儀不及禮物惟曰不奉上惟不役志于享凡民惟曰不享惟事其爽侮。言人君惟不役志於奉上則凡人化之惟曰不奉上矣如此則惟政事其差錯侮慢不可治理乃惟孺子頒朕不暇聽朕教汝于棐民彝。我爲政常若不暇汝惟小子當分取我之不暇而行之聽朕教汝於輔民之常而用之汝乃是不蘉乃時惟不永哉。汝乃是不勉爲政汝是惟不可長哉欲其必勉爲可長篤敘乃正父罔不若予不敢廢乃命。厚次序汝正父之道而行之無不順我所爲則天下不敢棄汝命常奉之汝往敬哉茲予其明農哉彼裕我民無遠用戾。汝往居新邑敬行教化哉如此我其退老明教農人以義哉彼天下被寬裕之政則我民無遠用來言皆來王若曰公明保予沖子。成王順周公意請留之自輔言公當明安我童子不可去之公稱丕顯德以予小子揚文武烈。言公當留舉大明德用我小子褒揚文武之業而奉順天奉荅天命。

此成王荅周公後章之言
與明農之請
此成王在新邑將歸周
命周公留後治洛之辭

和恒四方民居師又當奉當天命以和常四方之民居處其衆惇宗將禮稱
秩元祀咸秩無文厚尊大禮舉秩大祀皆次秩無禮文而宜在祀典者凡此待公而行惟公
德明光于上下勤施于四方言公明德光於天地勤政施於四海萬邦四夷服仰公德而化之
旁作穆穆迓衡不迷文武勤教四方旁來爲敬敬之道以迎太平之政不迷惑於文武所勤之教言化治
予沖子夙夜毖祀言政化由公而立我童子徒早起夜寐愼其祭祀而已無所能
王曰公功棐迪篤罔不若時公之功輔道我已厚矣天下無不順而是公之功王曰公
予小子其退即辟于周命公後我小子退坐之後便就君於周命立公後公當留佐我
四方迪亂未定于宗禮亦未克敉公功言四方雖道治猶未定於尊禮禮未彰是亦未能撫順公之大功明不可以去
迪將其後監我士師工公留教道將助我其今已後之政監篤我政事衆官委任之言
誕保文武受民亂爲四輔大安文武所受之民

朱子曰此亞與公訣而歸之言　困哉漢書作困我

此周公許王留洛之辭且君臣相勉

成王雖歸宗周然建洛邑為東都則朝覲會同政令皆於此故公勉王之言云爾

治之爲我四維之輔明當依倚公王曰公定予往已公功肅將祗歡公留以安定我我從公言往至洛邑已矣公功以進大天下咸敬樂公功公無困哉我惟無斁其康事公勿替刑四方其世享公必留無去以困我哉我惟無厭其安天下事公勿去以廢法則四方其世世享公之德周公拜手稽首曰王命予來承保乃文祖受命民拜而後言許成王留言王命我來承安汝文德之祖文王所受命之民是所以不得去越乃光烈考武王弘朕恭於汝大業之父武王大使我恭奉其道教成王留已意孺子來相宅其大惇典殷獻民少子今所以來相宅於洛邑其大厚行典常於殷賢人亂爲四方新辟作周恭先言當治理天下新其政化爲四方之新君爲周家見恭敬之主後世所推先也曰其自時中乂萬邦咸休惟王有成績曰其當用是土中爲治使萬國皆被美德如此惟王乃有成功予旦以多子越御事篤前人成烈

成王既留周公於洛又使人以留公之意告殷民而以秬鬯綏寧周公辭曰明禋拜手稽首休享蓋以享禮礼公也周公不敢當故不敢宿宿肅也則以此秬鬯禋于文武而為成王祈福曰惠篤厚繼叙之福使王不值疾病子孫萬年饜飽文武之德殷民亦長有化成之叙王其使殷民承順治叙雖萬年之遠其永觀懷德此蓋祈化商之福以歸成王也

荅其師作周孚先，我旦以衆卿大夫於御治事之臣厚率行先主成業當其衆心爲周家立信者之所推先考朕昭子刑，乃單文祖德。伻來毖殷，乃命寧。我所成明子法乃盡文祖之德謂典禮也所以居土中是文武使已來慎教殷民乃見命而安之予以秬鬯二卣，曰明禋拜手稽首休享。周公攝政七年致太平以黑黍酒二器明絜致敬告文武以美享既告而致政成王留之本說之予不敢宿，則禋于文王武王。言我見天下太平則絜告文武不經宿惠篤叙，無有遘自疾，萬年厭于乃德，殷乃引考。汝爲政當順典常厚行之使有次序無有遇用患疾之道者則天下萬年厭於汝德殷乃長成爲周王伻殷乃承叙萬年，其永觀朕子懷德。王使殷民上下相承有次序則萬年之道民其長觀我子孫而歸其德矣勉使終之戊辰，王在新邑，成王既受周公誥遂就居洛邑以十二月戊辰晦到烝祭歲，文王騂牛一，武王騂牛一，王命作冊逸祝冊，

此又述成王命留之禮而周公以告文武

成王祭告文武以周公留後治洛成王在洛或久戊辰祭告亦

告文武之冊

告周公之冊

此篇即召誥叙所謂三月甲子周公乃朝用書命庶殷者也上原天命推夏商取亡之故商周受命之由前後相證釋其頑梗示其意平其怨懼折其驕覬辨其敬肆期其居洛安久之計厥既命殷庶庶殷丕作矣

惟告周公其後〔明月夏之仲冬始於新邑烝祭故曰烝祭歲古者褒德賞功必於祭日示不專也特加文武各一牛告曰尊周公立其後爲魯侯〕王賓殺禋咸格王入太室祼〔王賓異周公殺牲精意以享文武皆至其廟親告也太室清廟祼鬯告神〕王命周公後作冊逸誥〔王爲冊書使史逸誥伯禽封命之書皆同在烝祭日周公拜前魯公拜後〕在十有二月惟周公誕保文武受命惟七年〔言周公攝政盡此十二月大安文武受命之事惟七年天下太平自戊辰以下史所終述〕

多士第十六〔遷殷在武庚之後今誥在作洛之初序誤〕周書　孔氏傳

成周既成〔洛陽下都〕遷殷頑民〔殷大夫士心不則德義之經故徙近王都教誨之〕周公以王命誥〔稱成王命告令之〕作多士〔所告者即衆士故以名篇〕惟三月周公初于新邑洛用告商王士〔周公致政明年三月始於新邑洛用王命告商王之衆士〕王若曰爾殷遺多士〔順其事稱以告殷遺餘衆士所順在下〕弗弔旻天大降喪

以形体謂之天以主宰謂之帝一意而互文亦非我敢弋殷天之不畀殷者以其允罔固亂也非我敢求位帝之不畀殷者人心之所欲為則天明威以罰之也

天亡殷命周以革殷

殷取亡之故

夏取亡之故

天亡夏命商以革夏

于殷。稱天以愍下言愍道至者殷道不至故旻天下喪亡於殷 我有周佑命將天明威言我有周受天佑助之命故得奉天明滅 致王罰勑殷命終于帝。天命周致王者之誅罰王黜殷命終周於帝王 肆爾多士。非我小國敢弋殷命。天佑我故汝衆士臣服我弋取也非我敢取殷王命乃天命 惟天不畀允罔固亂弼我我其敢求位惟天不與信無堅固治者故輔佐我我其敢求天位乎 惟帝不畀惟我下民秉為惟天明畏惟天不與紂惟我周家下民秉心為我皆是天明德可畏之効 我聞曰上帝引逸。有夏不適逸。則惟帝降格言上天欲民長逸樂有夏桀為政不之逸樂故天下至戒以譴告之 嚮于時夏。弗克庸帝。大淫泆有辭。天下至戒是嚮於時夏不背棄桀不能用天戒大為過逸之行有惡辭聞於世 惟時天罔念聞。厥惟廢元命。降致罰。惟是桀惡有辭故天無所念聞言不佑其惟廢其大命下致天罰 乃命爾先祖成湯革

商之所以盛明德

受之所以亡不明厥德

天之亡人國未有無其故者

周承天以割殷

夏俊民甸四方。天命湯更代夏用其賢人治四方自成湯至于帝乙罔不明德恤祀。自帝乙已上無不顯用有德憂念齊敬奉其祭祀言能保宗廟社稷亦惟天丕建保乂有殷殷王亦罔敢失帝罔不配天其澤。湯既革夏亦惟天大立安治於殷殷家諸王皆能憂念祭祀無敢失天道者故無不配天布其德澤在今後嗣王誕罔顯于天矧曰其有聽念于先王勤家。後嗣王紂大無明於天道行昏虐天且忽之況曰其有聽念先祖勤勞國家之事乎誕淫厥泆罔顧于天顯民祗。言紂大過其過無顧於天無能明人爲敬暴亂甚惟時上帝不保降若茲大喪。惟是紂惡天不安之故下若此大喪亡之誅惟天不畀不明厥德凡四方小大邦喪罔非有辭于罰。惟天不與不明其德者故凡四方小大國喪滅無非有辭於天所罰言皆有闇亂之辭王若曰爾殷多士今惟我周王丕靈承帝事

殷民爲亂 予其曰猶云予豈意謂

天厭殷

遷殷民

亦天意

解其怨懼

周王文武也大神奉天事言明德恤祀有命曰割殷告勑于帝天有命命周割絶殷命告正於天謂既克紂柴於牧野告天不頓兵傷士惟我事不貳適惟爾王家我適言天下事已之我周矣不貳之佗惟汝殷王家已之我不復有變予其曰惟爾洪無度我不爾動自乃邑我其曰惟汝大無法度謂紂無道我不先動誅汝亂從汝邑起言自召禍予亦念天即于殷大戾肆不正我亦念天就於殷大罪而加誅者故以紂不能正身念法王曰猷告爾多士予惟時其遷居西爾以道告汝衆士我推汝未達德義是以徙居西汝於洛邑斆誨汝非我一人奉德不康寧時惟天命我徙汝非我天子奉德不能使民安之是惟天命宜然無違朕不敢有後無我怨汝無違命我亦不敢有後誅汝無怨我惟爾知惟殷先人有冊有典殷革夏命言汝所親知殷先世有冊書典籍說殷改夏王命之意今爾又曰夏迪簡在王庭有服在百

折其覲望

此節多方篇所謂王来自奄我惟大降尔四國民命者多方宜在前

不殺而遷之

不殺而教之

此命以作洛之後商惟四方賓貢之都亦惟殷民服習之地

僚。簡大也今汝又曰夏之衆士蹈道者大在殷王庭有服職任百官言見任用予一人惟聽用德。肆予敢求爾于天邑商。言我周亦法殷家惟聽用有德故我敢求汝於天邑商將任用之予惟率肆矜爾非予罪時惟天命。惟我循殷故事憐愍汝故徙教汝非我罪咎是惟天命王曰多士。昔朕來自奄予大降爾四國民命。昔我來從奄謂先誅三監後伐奄准夷民命謂君也大下汝民命謂誅四國君我乃明致天罰移爾遐逖比事臣我宗多遜。四國君叛逆我下其命乃所以明致天罰今移徙汝於洛邑使汝遠於惡俗比近臣我宗周多爲順道王曰告爾殷多士。今予惟不爾殺。予惟時命有申。所以徙汝是我不欲殺汝故惟是教命申戒之今朕作大邑于茲洛。予惟四方罔攸賓。今我作此洛邑以待四方無有遠近無所賓外亦惟爾多士攸服奔走臣我多遜。非但待四方亦惟汝衆士所當服行奔走臣我多爲順事爾乃尚有爾土。爾

鎬京遠在西偏四方道里不均無所於賓貢而以作大邑于茲洛台惟尔多士其服奔走之後焉其習禮遜之風焉

昔攻位先用庶殷今併為其下都悠久之規[illegible]上文臣我宗猶臣我所置宗長也今臣我多遜則都邑之民即臣王室

王言之下必有闕文

胡氏大紀謂無逸為周公絶筆考於君奭立政洛誥諸篇於成王皆有沖孺之稱此篇不然故知其最後也

乃尚寧幹止。汝多為順事，乃庶幾還有汝本土，乃庶幾安汝故事止居，以反所生誘之。爾克敬，天惟畀矜爾。汝能敬行順事，則為天所與，為天所憐。爾不克敬，爾不啻不有爾土，予亦致天之罰于爾躬。汝不能敬順，其罰深重，不但不得還本土而已，我亦致天罰於汝身，言刑殺。今爾惟時宅爾邑，繼爾居，爾厥有幹有年于茲洛。今汝惟是敬順居汝邑，繼汝所當居為，則汝其有安事，有豐年於此洛邑。言由洛修善，得還本土，二有幹有年。爾小子乃興從爾遷。汝能敬，則子孫乃起從汝化而遷善。王曰又曰時予乃或言爾攸居。言汝衆士當是我，勿非我也。我乃有教誨之言，則汝所當居行。

無逸第十七 古文亡俻

周書 孔氏傳

周公作無逸。中人之性好逸豫，故戒以無逸。無逸。成王即政，恐其逸豫，故以所戒名篇。周公曰：嗚呼！君子所其無逸。歎美君子之道，所在念德，其無逸豫。君子且猶然，況王者乎？

中宗之無逸 中宗惟能滋敬於小人稼穡之艱難不待見而知之

高宗之無逸 先知稼穡之艱難

先知稼穡之艱難乃逸則知小人之依稼穡農夫之艱難事先知之乃謀逸豫則知小人之所依怙相小人厥父母勤勞稼穡厥子乃不知稼穡之艱難視小人不孝者其父母躬勤艱難而子乃不知其勞乃逸乃諺既誕否則侮厥父母曰昔之人無聞知小人之子既不知父母之勞乃為逸豫遊戲乃叛諺不恭已欺誕父母不欺則輕侮其父母曰古老之人無所聞知周公曰嗚呼我聞曰昔在殷王中宗太戊也殷家中世尊其德故稱宗嚴恭寅畏天命自度言太戊嚴恪恭敬畏天命用法度治民祗懼不敢荒寧為政敬身畏懼不敢荒怠自安肆中宗之享國七十有五年以敬畏之故得壽考之福其在高宗時舊勞于外爰暨小人武丁其父小乙使之久居民間勞是稼穡與小人出入同事作其即位乃或亮陰三年不言武丁起其即王位則小乙死乃有信默三年不言信孝行著其惟不言

人主者小民之主而所處則安逸之地易縱於逸無逸者謂其不縱於酒色湛樂与遊觀田獵之娛也君子所以無逸者必其先知稼穡之艱難故處安逸之地則知小人之依所以能体恤小民不自縱逸故能致小人之無怨亦足以介吾身之壽康人主而不先知稼穡之艱難則處安逸之地不知小人之依但知縱一身之欲夫不知小人之依則下致民怨但知縱一身之欲則享年不永此一篇大意也

無小人之怨

祖甲之無逸先知稼穡之艱難

知小人之依

商後王之逸惟不知稼穡之艱難故不能無逸故罔或克壽

言乃雍不敢荒寧在喪則其惟不言喪畢發言則大下和亦法中宗不敢荒怠自安嘉靖殷邦至于小大無時或怨善謀殷國至于小大之政人無是有怨者言無非肆高宗之享國五十有九年高宗為政小大無怨故亦享國永年其在祖甲不義惟王舊為小人湯孫太甲為王不義久為小人之行伊尹放之桐作其即位爰知小人之依能保惠于庶民不敢侮鰥寡在桐三年思集用光起就王位於是知小人之所依依仁政故能安順於衆民不敢侮慢惸獨肆祖甲之享國三十有三年太甲亦以知小人之依故得久年此以德優劣立年多少為先後故祖甲在下殷家亦祖其功故稱祖自時厥後立王生則逸從是三王各承其後而立者生則逸豫無度生則逸不知稼穡之艱難言與小人之子同其敝不聞小人之勞惟耽樂之從過樂謂之耽惟樂之從言荒淫自時厥後亦罔或克壽以耽樂之

周先王之無逸

文王之無逸即康功田功則不待知稼穡之艱難懷保小民則不但知小人之依蓋三宗守成之賢主文王創業之聖君所以不同

嗣王之無逸今日耽樂即是病源此隙一開終致迷溺

故從是其後亦無有能壽考或十年或七八年或五六年或四三年高者十年下者三年言逸樂之損壽周公曰嗚呼厥亦惟我周太王王季克自抑畏太王周公曾祖王季即祖言皆能以義自抑畏敬天命將說文王故本其父祖文王卑服即康功田功文王節儉卑其衣服以就其安人之功以就田功以知稼穡之艱難徽柔懿恭懷保小民惠鮮鰥寡以美道和民故民懷之以美政恭民故民安之又加惠鮮乏鰥寡之人自朝至于日中昃不遑暇食用咸和萬民從朝至日昳不暇食思慮政事用皆和萬民文王不敢盤于遊田以庶邦惟正之供文王不敢樂於遊逸田獵以衆國所取法則當以正道供待之故文王受命惟中身厥享國五十年文王九十七而終中身即位時年四十七言中身舉全數周公曰嗚呼繼自今嗣王繼從今已往嗣世之王皆戒之則其無淫于觀于逸于遊于田以萬民

小人怨咨之由

惟正之供。所以無敢過於觀遊逸豫田獵者用萬民當惟正身以供待之故 無皇曰今日耽樂乃非民攸訓非天攸若時人丕則有愆。無敢自暇曰惟今日樂後日止夫耽樂者乃非所以教民非所以順天是人則大有過矣 無若殷王受之迷亂酗凶于酒德哉。以酒爲凶謂之酗言紂心迷政亂以酗酒爲德戒嗣王無如之 周公曰嗚呼我聞曰古之人猶胥訓告胥保惠胥教誨。歎古之君臣雖君明臣良猶相道告相安順相教誨以義方 民無或胥譸張爲幻。譸張誑也君臣以道相正故下民無有相欺誑幻惑也

此厥不聽人乃訓之乃變亂先王之正刑至于小大。此其不聽中正之君人乃教之以非法乃變亂先王之正法至于小大無不變亂言已有以致之 民否則厥心違怨否則厥口詛祝。以君變亂正法故民否則其心違怨否則其口詛祝言皆患其上 周公曰嗚呼自殷王中宗及高宗及祖甲及我周文王茲

小人之怨
自責之得
責人之失
此篇七節端皆曰嗚呼警戒之意蓋切真周公垂殁丁寧之書也

四人迪哲（言此四人皆蹈智明德以臨下）厥或告之曰小人怨汝詈汝，則皇自敬德（其有告之言小人怨詈汝者則大自敬德增脩善政）。厥愆曰朕之愆，允若時，不啻不敢含怒（其人有過則曰我過百姓有過在予一人信如是怨詈則四王不啻不敢含怒以罪之言常和悅）。此厥不聽，人乃或譸張為幻，曰小人怨汝詈汝，則信之（此其不聽中正之君有人誑惑之言小人怨詛詈汝則信受之），則若時不永念厥辟，不寬綽厥心（則如是信讒者不長念其為君之道不寬緩其心言含怒），亂罰無罪，殺無辜，怨有同，是叢于厥身（信讒含怒罰殺無罪則天下同怨讎之叢聚於其身）。周公曰：嗚呼！嗣王其監于茲（視此亂罰之禍以為戒）。

尚書卷第九

一嗚呼言人主必先知稼穡之艱難故處安逸之地知小人之依而無逸然稼穡艱難惟小人子弟猶有不知者何況人主此所當戒也二嗚呼援商三君先知小人稼穡之艱難故其治民無逸亦保壽考商後王不知稼穡艱難故耽樂之從亦罔或壽三嗚呼叙我周無逸之家法文王尤憂勤四嗚呼勉成王繼無逸之政防逸樂之流五嗚呼戒所以救小人之怨六嗚呼言小人之怨責己者所以弭怨責人者祗以重怨七嗚呼丁寧以終之

此篇皇王大紀繫於成王元年蓋成王幼冲周公与召公共秉政而召公辭周公勉而留之

首章謂不幸天喪殷殷既自墜厥命而我周既受矣我不知周之基業永孚于休乎若天誠可信我亦不知其終於不祥乎君固已嘗曰是其責在我耳茲我不敢安於天命而不長念墜命之可畏於我民無違之日与人在後嗣者弗克敬天民墜失前人光烈而去我已退老於家不與知也天命固不易受已受天命固亦難信然所以墜命者則

# 尚書卷第十

## 君奭第十八　周書　孔氏傳

召公爲保周公爲師相成王爲左右召公不說周公作君奭君奭尊之曰君奭名同姓也陳古以告之故以名篇周公若曰君奭順古道呼其名而告之弗弔天降喪于殷言殷道不至故天下喪亡於殷殷既墜厥命我有周既受殷已墜失其王命我有周道至已受之我不敢知曰厥基永孚于休若天棐忱廢興之跡亦君所知言殷家其始長信於美道順天輔誠所以國也我亦不敢知曰其終出于不祥言殷紂其終墜厥命以出於不善之故亦君所知嗚呼君已曰時我我亦不敢寧于上帝命歎而言曰君已當是我之留我亦不敢安于上天之命故不敢不留弗永遠念天威越我民罔尤違言君不長遠念天之威而勸化於我

以不能經久繼續前
人恭明之德尔故今予
小子旦雖不能别有
所正惟欲開蹈前人
恭明之德施于冲子
之身此乃保天之本
也

此章承上章引商為證
商六臣皆相初政者

民使無過違之闕惟人在我後嗣子孫大弗克恭上下遏佚前人光在家不知惟衆人共存在我後人嗣子孫若大不能恭承天地絶失先王光大之道我老在家則不得知天命不易天難諶乃其墜命弗克經歷天命不易天難信無德者乃其墜失王命不能經久歷遠不可不慎嗣前人恭明德在今予小子旦繼先王之大業恭奉其明德正在今我小子旦言異於餘臣非克有正迪惟前人光施于我沖子我留非能有改正但欲蹈行先王光大之道施政于我童子童子成王又曰天不可信我道惟寧王德延無德去之是天不可信故我以道惟安寧王之德謀欲延久天不庸釋于文王受命言天不用令釋廢於文王所受命故我留佐成王公曰君奭我聞在昔成湯既受命已放桀受命爲天子時則有若伊尹格于皇天伊摯佐湯功至大天謂致太平在太甲時則有若保衡太甲繼湯時則有如此伊尹爲保衡言天下所取安所取平

伊尹佐湯創王業而太甲初年政出伊尹若伊陟臣扈巫咸巫賢甘盤六臣皆以世德世臣相嗣王初政周公歷數諸賢特以裘明嗣守之初心有世德受托之臣以釋召公之疑而留之至於武丁之相不言傅說而舉甘盤蓋甘盤初年之師保傅說後進之賢相此篇當成王初年勉留召公故但歷舉世德受托之相是以及甘盤而遺傅說亦說者不考其時故不得其所言之意

或謂太公應相文武世德之臣莫重焉此言四人而不及太公何也蓋太公其時尚在也聖賢之意錄死勉生相期於無窮其亦不生頌太公之功意蓋如此

在太戊（太甲之孫）時則有若伊陟臣扈格于上帝巫咸乂王家（伊陟臣扈率伊尹之職使其君不隕祖業故至天之功不隕巫咸治王家言不及二臣）在祖乙時則有若巫賢（祖乙殷家亦祖其功時賢臣有如此巫賢賢咸子巫氏）在武丁時則有若甘盤（高宗即位甘盤佐之後有傅說）率惟茲有陳保乂有殷故殷禮陟配天多歷年所（言伊尹至甘盤六臣佐其君循惟此道有陳列之功以安治有殷故殷禮能升配天享國久長多歷年所）天惟純佑命則商實百姓（殷禮配天惟天大佑助其王命使商家百姓豐實皆知禮節）王人罔不秉德明恤小臣屏侯甸（自湯至武丁其王人無不持德立業明憂其小臣使得其人以爲蕃屏侯甸之服小臣且憂得人則大臣可知）矧咸奔走惟茲惟德稱用乂厥辟（王猶秉德憂臣況臣下得不皆奔走惟王此事惟有德者舉用治其君事）故一人有事于四方若卜筮罔不是孚（一人天子也君臣務德故有事於四方而天下化服如卜筮無不是而信）

惟茲指六臣下同

內百姓故家遺族　王人朝臣　小臣其屬

外屏侯甸

此章承上章以商六臣保天命為法

此章承上章因言文王四臣歷相武王以勉召公〇割申勸傳記引此作厥亂勸又作周田觀按周字似害割似害而多刀声亦近似當作害害音曷何也言上帝何為而申勸武王之德集大命于其身哉惟文王能修和諸夏亦惟有虢叔等五臣助之往來道達德化又能純一佑助秉持其德實知天命之可畏乃惟時昭朝文王迪導其德見冒於民升聞于天惟時受有殷命至武王時虢叔死矣而四人者尚在祿位後及武王共伐商受又昭武王之德冒於天下而天下頌之此上帝所以申勸武王而集大命也

之

公曰君奭天壽平格保乂有殷有殷嗣天滅威言天壽有平至之君故安治有殷有殷嗣子紂不能平至天滅亡加之以威今汝永念則有固命厥亂明我新造邦今汝長念平至者安治反是者滅亡以為法戒則有堅固王命其治理足以明我新成國矣

公曰君奭在昔上帝割申勸寧王之德其集大命于厥躬在昔上天割制其義重勸文王之德故能成其大命於其身謂勸德以受命惟文王尚克修和我有夏亦惟有若虢叔有若閎夭文王庶幾能修政化以和我所有諸夏亦惟賢臣之助為治有如此虢閎閎氏虢國叔字文王弟夭名有若散宜生有若泰顛有若南宮括散泰南宮皆氏宜生顛括皆名凡五臣佐文王為胥附奔走先後禦侮之任又曰無能往來茲迪彝教文王蔑德降于國人有五賢臣猶曰甚少無所能往來而五人以此道法教文王以精微之德下政令於國人言雖聖人亦須良佐亦惟純佑秉德迪知

割害
音昌

天威乃惟時昭文王文王亦如殷家惟天所大佑文王亦秉德蹈知天威乃惟是五人明文王之德迪見冒聞于上帝惟時受有殷命哉言能明文王德蹈行顯見覆冒下民彰聞上天惟是故受有殷之王命武王惟茲四人尚迪有祿文王沒武王立惟此四人庶幾輔相武王蹈有天祿虢叔先死故曰四人後暨武王誕將天威咸劉厥敵言此四人後與武王皆殺其敵謂誅紂惟茲四人昭武王惟冒丕單稱德惟此四人明武王之德使布冒天下大盡舉行其德今在予小子旦若游大川予往暨汝奭其濟小子同未在位誕無我責我新還政今任重在我小子旦不能同於四人若游大川我往與汝奭其共濟渡成王同於未在位即政時汝大無非責我留收罔勗不及耇造德不降我則鳴鳥不聞矧曰其有能格今與汝留輔成王欲收敎無自勉不及道義者立此化而老成德不降意爲之我周則鳴鳳不得聞況曰其有能格于皇天乎公曰嗚呼君肆其監

此節疑有缺誤

兹指上章商六臣周五人

此章述武王顧託之命

朕允予不允二字相應謂我所信者保奭必能敬德与余監殷之墜命念周之天威亦予固不信至於如此費辭

此節釋召公所以欲去之意予惟曰輔成王業者我二人耳汝亦固當同此意曰在是二人矣而顧謂天休滋至惟我二人懼弗克戡善人臣秉政忌盈滿也然此則在於益敬其德明揚賢俊以擬其後他日推遜後人于丕盛之時可耳嗚呼篤前人成烈者匪我二人乎我等幸已至今日之休我等當共成文王之功不自止息大冒覆于海隅出日之地咸順使令可也觀此詞意周公固已以東方爲意矣

于兹我受命無疆惟休亦大惟艱 以朝臣無能立功至天故其當視於此我周受命無窮惟美亦大惟艱難不可輕忽謂之易治 告君乃猷裕我不以後人迷 告君汝謀寬饒之道我留與汝輔王不用後人迷惑故欲教之 公曰前人敷乃心乃悉命汝作汝民極 前人文武布其乃心爲法度乃悉以命汝矣爲汝民立中正矣 曰汝明勗偶王在亶乘兹大命 汝以前人法度明勉配王在於誠信行此大命而已 惟文王德丕承無疆之恤 惟文王聖德爲之子孫無忝厥祖大承無窮之憂 公曰君告汝朕允 告汝以我之誠信 保奭其汝克敬以予監于殷喪大否 呼其官而名之勑使能敬以我言視於殷喪亡大否言其矣不可不戒 肆念我天威予不允惟若兹誥予惟曰襄我二人 以殷喪大故當念我天德可畏言命無常我不信惟若此誥我惟曰當明我文武之道而行之 汝有合哉言曰在時二人天休滋至惟時二人弗戡 言汝行事動當有所合哉

一九六

發言常在是文武則天美周家日益至矣惟是文武不勝受言多福其汝克敬德明我俊民在讓後人于丕時其汝能敬行德明我賢人在禮讓則後代將於此道大且是嗚呼篤棐時二人我式克至于今日休言我厚輔是文武之道而行之我用能至于今日其政美我咸成文王功于不怠丕冒海隅出日罔不率俾今我周家皆成文王功于不懈怠則德教大覆冒海隅日所出之地無不循化而使之

公曰君子不惠若茲多誥予惟用閔于天越民我不順若此多誥而已欲使汝念躬行之閔勉也我惟用勉於天道加於民

公曰嗚呼君惟乃知民德亦罔不能厥初惟其終惟汝所知民德亦無不能其初鮮能有終惟其終則惟君子戒召公以慎終祗若茲往敬用治當敬順我此言自今以往敬用治民職事

勉召公終事就職之言

## 蔡仲之命第十九

周書　孔氏傳

蔡仲之封皇王大紀在成王八年

周公位冢宰正百工即古者百官總己以聽冢宰之礼也若明堂位荀子漢志所言可謂誣矣

蔡仲之改行周公之所深韙也

蔡叔既沒以罪放而卒王命蔡仲踐諸侯位成王也父卒命子罪不相及作蔡仲之命冊書命之蔡仲之命蔡國名仲字因以名篇惟周公位冢宰正百工百官總已以聽冢宰謂武王崩時羣叔流言乃致辟管叔于商因蔡叔于郭鄰以車七乘致法謂誅殺因謂制其出入郭鄰中國之外地名從車七乘言少管蔡國名降霍叔于庶人三年不齒罪輕故退爲衆人三年之後乃齒錄封爲霍侯子孫爲晉所滅蔡仲克庸祗德周公以爲卿士蔡仲能用敬德稱其賢也明王之法誅父用子言至公周公圻內諸侯二卿治事叔卒乃命諸王邦之蔡叔之所封圻內之蔡仲之所封淮汝之間圻內之蔡名已滅故取其名以名新國欲其戒之王若曰小子胡言小子明當受教訓胡仲名順其事而告之惟爾率德改行克慎厥猷言汝循祖之德改父之行能慎其道歎其賢肆予命爾侯于東土往即乃封敬哉以汝率德改行之故故我命汝爲諸侯於

此篇爲蔡仲而作故叙止言流言事而不及啓商事他書可以互見遵王命者[illegible]
而管蔡卒挾武庚以叛也又此云群叔流言則三叔罪均傳稱管蔡啓商則管蔡罪重金滕稱管叔及其群弟孟子稱管
叔以殷叛則管叔罪又重此致辟囚降所以不同然逸周書稱管叔經致辟者書其罪以戮其尸也親親之恩本所不
忍因其死而致辟焉正王法也因其生而囚降之全私恩也

勉人子以改父之愆一言足矣而曰改行曰蓋愆又曰無若爾考之違王命章之深故憂之切憂之切故言之詳周家閔管蔡之失道不容再有親親之變也

此下文推廣告戒之天人之向背靡常善惡之事幾亦衆凡不善之爲皆是以爲亂非但不爲蔡叔之所爲亦非但如今日之所爲而止也

中者無過不及蓋舊章

東土往就汝所封之國當修己以敬哉爾尚蓋前人之愆惟忠惟孝汝當庶幾修德掩蓋前人之過子能蓋父所以爲惟忠惟孝爾乃邁迹自身克勤無怠以垂憲乃後汝乃行善迹用汝身使可蹤迹而法循之能勤無懈怠以垂法子孫世世稱頌乃當我意率乃祖文王之彝訓無若爾考之違王命言當循文武之常教以父違命爲世戒皇天無親惟德是輔民心無常惟惠之懷天之於人無有親踈惟有德者則輔佐之民心於上無有常主惟愛己者則歸之爲善不同同歸于治爲惡不同同歸于亂言人爲善爲惡各有百端未必正同而治亂所歸不殊宜慎其微爾其戒哉慎厥初惟厥終終以不困不惟厥終終以困窮汝其戒治亂之機哉作事云爲必慎其初念其終則終用不困窮懋乃攸績睦乃四鄰以蕃王室以和兄弟勉汝所立之功親汝四鄰之國以蕃屏王室以和協同姓之邦諸侯之道康濟小民率自中

屏度治呂物也作聰明者必見亂之以側言者用人言改之無必因蔡仲之失而戒之示

無作聰明亂舊章。汝爲政當由安小民之居成小民之業循用大中之道無敢爲小聰明作異辯以變亂舊典文章 詳乃視聽罔以側言改厥度則予一人汝嘉。詳審汝視聽非禮義勿視聽無以邪巧之言易其常度必斷之以義則我一人善汝矣 王曰嗚呼小子胡汝往哉無荒棄朕命。歎而勑之欲其念戒小子胡女往之國哉無廢棄我命欲其終身奉行後世遵則

成王東伐淮夷遂踐奄成王即政淮夷奄國又叛王親征之遂滅奄而徙之以其數反覆 作成王政爲平淮夷徙奄之政令亡 成王既踐奄將遷其君於蒲姑言將已滅奄而徙其君及人臣之惡者於蒲姑蒲姑齊地近中國教化之 周公告召公作將蒲姑將徙奄新立之君於蒲姑告召公使此册書告令之亡

多方第二十　周書　孔氏傳

成王歸自奄伐奄歸 在宗周誥庶邦誥以禍福 作多方多方。

多方敘云王來自奄書云我惟大降爾四國民命亦多士之書曰昔朕來
蓋多方在前多士在後又疑其間章有差互以其俱有洛邑之云故頗詳按周公初年秉政既而群弟流言周公居東二年成王悟
而迎公以歸歸而三叔竟挾武庚以叛於是東征三年踐奄則東征之策後也踐奄而歸降四國殷民之命遷之洛邑歸于宗
周作多方之誥於是制禮作樂明年遂營洛邑爲東都作多士篇定殷民焉是則多方作於東征之歸多士作於宅
洛之始討古者事時前後必已具於繫年之史而書則每事自爲首尾未必諸篇相爲次第也周書大率如此然
或諸篇本有次第而孔伏亂之歟

四國者三監武庚國內臣民多方者若淮夷徐戎奄新服之國及四方置之君與凡東諸侯嘗傾望兩端或嘗動於亂者
殷侯武庚也

首言武庚之亂 畏天之命

以桀證受

惟五月丁亥王來自奄至于宗周 周公歸政之明年淮夷奄又叛魯征淮夷作費誓王親征奄滅其國五月還至鎬京 周公曰王若曰猷告爾四國多方 周公以王命順大道告四方稱周公以別王自告 惟爾殷侯尹民我惟大降爾命 爾罔不知 殷之諸侯正民者我大下汝命謂誅紂也言天下無不知紂暴虐以取亡 洪惟圖天之命弗永寅念于祀惟帝降格于夏 大惟爲王謀天之命不長敬念于祭祀謂夏桀惟天下至戒於夏以譴告之謂災異 有夏誕厥逸不肯慼言于民 有夏桀不畏天戒而大其逸豫不肯憂言於民無憂民之言 乃大淫昬不克終日勸于帝之迪 言桀矜天爲過昬之行不能終日勸於天之道 乃爾攸聞 言桀之惡乃汝所聞 厥圖帝之命不克開于民之麗 桀其謀天之命不能開於民所施政教麗施也言昬昧 乃大降罰崇亂有夏因甲于内亂 桀乃大下罰於民重亂有夏言殘虐外不憂民内不勤德因甲於二亂之内言昬甚 不克

靈承于旅。罔丕惟進之恭洪舒于民。言桀不能善奉於人衆無大惟進恭德而
大舒惰於治民亦惟有夏之民叨懫日欽劓割夏邑。桀洪舒於民故亦惟有夏
之民貪叨忿懫而逆命於是桀日尊敬其能劓割夏邑者謂殘賊臣天惟時求民主。乃大降顯休
命于成湯。天惟是桀惡故更求民主以代之天下明美之命於成湯使王天下刑殄有夏。惟天不
畀純。命湯刑絕有夏惟天不與桀亦已大乃惟以爾多方之義民不克永
于多享。天所以不與桀以其乃惟用汝多方之義民爲臣而不能長久多享國故惟夏之恭多士
大不克明保享于民。惟桀之所謂恭人衆士大不能明安享于民言亂主所任任同己者乃胥
惟虐于民。至于百爲大不克開。桀之衆士乃相與惟暴虐於民至於百端所爲言虐非一
大不能開民以善言與桀合志乃惟成湯克以爾多方簡代夏作民主。乃惟
成湯能用汝衆方之賢大代夏政爲天下民主愼厥麗乃勸。厥民刑用勸。湯愼其施政於民民

以湯譖周

此言夏桀之失民而夏所棄用之多士亦不爲無罪蓋引之以責殷之多士也

大誥多方多士諸篇皆周公代王言也而多方之首獨書周公曰王若曰古書無實辭發例而已

叙商之盛　商先王之於民其殺罰不倦如此受繼世以有多方不能以之享天命忽然而亡是可歎也

歎史之云　故嗚呼以然之旧以嗚呼冠下文者非

此章承上章對多方夏商之云　武庚不知天命去留之故

夏有以取亡故天降喪

殷有以取亡故天降喪

乃勸善其人雖刑亦用勸善言政刑清以至于帝乙罔不明德慎罰亦克用勸言有湯至于帝乙皆能成其王道畏慎輔相無不明明德慎去刑罰亦能用勸善要囚殄戮多罪亦克用勸開釋無辜亦克用勸帝乙已上要察囚情絕戮衆罪亦能用勸善開放無罪之人必無枉縱亦能用勸善今至于爾辟弗克以爾多方享天之命今至于汝君謂紂不能用汝衆方享天之命故誅滅之嗚呼王若曰誥告爾多方非天庸釋有夏歎而順其事以告汝衆方非天用釋棄桀亦縱惡自棄故誅放非天庸釋有殷乃惟爾辟以爾多方大淫圖天之命屑有辭非天用棄有殷乃惟汝君紂用汝衆方大為過惡者共謀天之命惡事盡有辭說布在天下故見誅滅乃惟有夏圖厥政不集于享天降時喪有邦間之更說桀也言桀謀其政不成于享故天下是喪亡以禍之使天下有國聖人代之言有國明皇天無親佑有德乃惟爾商後王逸厥逸後王紂逸豫其過逸

朱子林謙之謂聖狂二句最分明下文便不可曉○五年必有所指然亦天道一變之節聖人言天爲必前此欲伐商而又遲之以待其能變或更立令主而終不可念聽○商既不可念聽多方又罔堪顧惟我周之以承天故天命尹尔多方前日猶未定之天今日乃已定之天故下文責其非望之畐與章獨責四國民從武庚以叛

言縱恣無度圖厥政不蠲烝天惟降時喪紂謀其政不絜進于善故天惟下是喪亡謂誅滅惟聖罔念作狂惟狂克念作聖惟聖人無念於善則爲狂人惟狂人能念於善則爲聖人言桀紂非實狂愚以不念善故滅亡天惟五年須暇之子孫誕作民主罔可念聽天以湯故五年須暇湯之子孫冀其改悔而紂大爲民主肆行無道事無可念言無可聽武王服喪三年還師二年天惟求爾多方大動以威開厥顧天天惟求汝衆方之賢者大動紂以威開其能顧天可以代者惟爾多方罔堪顧之惟我周王靈承于旅惟汝衆方之中無堪顧天之道者惟我周王善奉於衆言以仁政得人心克堪用德惟典神天言周文武能堪用德惟可以主神天之祀任天王天惟式教我用休簡畀殷命尹爾多方天以我用德之故惟用教我用美道代殷天與我殷之王命以正汝衆方之諸侯今我曷敢多誥我惟大降爾四國民命今我何敢多誥汝而已我惟大下汝四國民命謂誅管蔡

商奄之君爾曷不忱裕之于爾多方汝何不以誠信行寬裕之道於汝衆方欲其戢四國崇和協爾曷不夾介乂我周王享天之命夾近也汝何不近大見治於我周王以享天之命而爲不安乎今爾尚宅爾宅畋爾田爾曷不惠王熙天之命今汝殷之諸侯皆尚得居汝常居臣民皆尚得畋汝故田汝何不順從王政廣天之命而自懷疑乎爾乃迪屢不靜爾心未愛汝所蹈行數爲不安汝心未愛我周故爾乃不大宅天命爾乃屑播天命汝乃不大居安天命是汝乃盡播棄天命爾乃自作不典圖忱于正汝未愛我周播棄天命是汝乃自爲不常謀信于正道我惟時其教告之我惟時其戰要囚之我惟汝如是不謀信于正道故其教告之謂訊以文誥其戰要囚之謂討其倡亂執其朋黨至于再至于三再謂三監淮夷叛時三謂成王即政又叛言迪屢不靜之事乃有不用我降爾命我乃其大罰殛之我教告戰要因汝已至再三汝

教告之謂東征之前文告之也戰要囚之謂東征之時俘囚之然不殺也至再至三而尔不用命故迁殛之○此即多士篇所謂時其迁居西尔非我奉德不康寧者所謂昔朕來自奄云云移尔遐

逖者也

若曰以下告迁洛之官吏也有方多士者三國之遺臣殷多士者武庚之遺臣胥伯小大多正則周所置洛教之職也臬的也今爾多士臣我三監以叛於今五年至此則當以王官為準的也一云五祀連下句謂五年所置胥伯多正以監四國民也蓋殘奄迁洛事在成王五年

忌古文作惎即惎字亦作諆欺也戒其及為凶德之人所欺誘

其有不用我命我乃大下誅汝君乃其大罰誅之非我有周秉德不康寧乃惟爾自速辜非我有周執德不安寧自誅汝乃惟汝自召罪以取誅王曰嗚呼猷告爾有方多士暨殷多士王歎而以道告汝衆方與殷多士今爾奔走臣我監五祀監謂成周之監此指謂所遷頑民殷衆士今汝奔走來徙臣我我監五年無過則得還本土越惟有胥伯小大多正爾罔不克臬於惟有相長事小大衆正官之人汝無不能用法欲其皆用法自作不和爾惟和哉爾室不睦爾惟和哉爾邑克明爾惟克勤乃事小大多正自為不和汝有方多士當和之哉汝親近室家不睦汝亦當和之哉汝邑中能明是汝惟能勤汝職事爾尚不忌于凶德亦則以穆穆在乃位汝庶幾不自忌入於凶德亦則用敬敬常在汝位克閱于乃邑謀介爾乃自時洛邑尚永力畋爾田汝能使我閱具于汝邑而以汝所謀為大則汝乃用是洛邑庶幾長力畋汝田矣言雖遷徙而

此章又告多〻方
章首多〻士當作多〻方
謂多〻方或後大遠王
命亦將遷之蓋警之

以修善得反邑里天惟畀矜爾我有周惟其大介賚爾汝能修善天惟與汝憐汝我有周惟其大大賜汝言受多福之祚迪簡在王庭尚爾事有服在大僚非但受憐賜又乃蹈大道在王庭庶幾修汝事有所服行在大官王曰嗚呼多士爾不克勸忱我命爾亦則惟不克享凡民惟曰不享王歎而言曰衆士汝不能勸信我命汝亦則惟不能享天祚矣凡國亦惟曰不享於汝祚矣爾乃惟逸惟頗大遠王命則惟爾多方探天之威我則致天之罰離逖爾土若爾乃爲逸豫頗僻大棄王命則惟汝衆方取天之威我則致行天罰離遠汝土將遠徙之王曰我不惟多誥我惟祗告爾命我不惟多誥汝而已我惟敬告汝吉凶之命又曰時惟爾初不克敬于和則無我怨又誥汝是惟汝初不能敬于和道故誅汝汝無我怨解所以再三加誅之意

## 立政第二十一　周書　孔氏傳

周公作立政周公既致政成王恐其怠忽故以君目立政爲戒立政言用臣當共立政故以名篇周公若曰拜手稽首告嗣天子王矣順古道盡禮致敬告成王言嗣天子今以爲王矣不可不慎用咸戒于王曰王左右常伯常任準人綴衣虎賁周公用王所立政之事皆戒於王曰常所長事常所委任謂三公六卿準人平法謂士官綴衣掌衣服虎賁以武力事王皆左右近臣宜得其人周公曰嗚呼休茲知恤鮮哉歎此五者立政之本知憂得其人者少古之人迪惟有夏乃有室大競籲俊尊上帝古之人道惟有夏禹之時乃有卿大夫室家大強猶乃招呼賢俊與共尊事上天迪知忱恂于九德之行禹之臣蹈知誠信於九德之行謂賢智大臣九德皋陶所謀乃敢告教厥后曰拜手稽首后矣曰宅乃事宅乃牧宅乃準茲惟后矣知九德之臣乃敢告教其君以立政君矣亦猶王矣宅居也居汝事六卿掌事者牧牧民九州之伯居內外之官及平法者皆得其人則此惟君矣謀面用丕訓德則

夏后用人之法九德本皋陶所陳知人之目有夏君臣世守以為取人之法三宅亦夏諸大臣之總名商周亦世守之職名雖各不同而掌事掌民掌法事任則猶故也故篇中歷述三代任大臣皆以三宅言之

立政一篇前儒以其謀次諸篇之後謂是周公總筆非也是亦初年之書也其曰孺子王則成王尚幼也其敘官名與今周官官名不同時猶舊制也曰詰爾戎兵則其時東方未盡奠也故皇王大紀繫之成王四年

天之明命亦無意而已而湯則丕以推其大規釐以理其條目嚴惟丕式則丕釐之用嚴密也丕式大法也言湯之治天下既事制曲防以定天下之大法而又能用三宅三俊以行之故近者用協而四方無遠亦莫不於丕式之中見聖人之德意焉

桀用人之失

商用人之法

受用人之失

乃宅人茲乃三宅無義民。[謀所面見之事無疑則能用大順德乃能居賢人于衆官若此則乃能三居無義民大罪宥之四裔次九州之外次中國之外]桀德惟乃弗作往任是惟暴德罔後。[桀之爲德惟乃不爲其先王之法往所委任是惟暴德之人故絶世無後]亦越成湯陟丕釐上帝之耿命。[桀之昏亂亦於成湯之道得升大賜上天之光命王天下]乃用三有宅克即宅曰三有俊克即俊。[湯乃用三有居惡人之法能使就其居言服罪又曰能用剛柔正直三德之俊能就其俊事言明德]嚴惟丕式克用三宅三俊。[言湯所以能嚴威惟可大法象者以能用三居三德之法]其在商邑用協于厥邑其在四方用丕式見德。[湯在商邑用三宅三俊之道和其邑其在四方用是大法見其聖德言遠近化]嗚呼其在受德暋惟羞刑暴德之人同于厥邦。[受德紂字帝乙愛焉爲作善字而反大惡自強惟進用刑與暴德之人同于其國並爲威虐]乃惟庶習逸德之人同于厥政。[乃惟]

## 文武用人之法

此章連舉文武時事其官未必皆文王之官其人則皆文王所儲之人

衆習爲過德之人同于其政言不任賢 帝欽罰之。乃伻我有夏。式商受命。奄甸萬姓。天以紂惡故敬罰之乃使我周家王有華夏得用商所受天命同治萬姓言皇天無親佑有德 亦越文王武王克知三有宅心。灼見三有俊心。紂之不善亦於文武之道大行以能知三有居惡人之心灼然見三有賢俊之心 以敬事上帝。立民長伯。言文武知三宅三俊故能以敬事上天立民正長謂郊祀天建諸侯 立政任人。準夫牧作三事。文武亦法禹湯以立政常任準人及牧治爲天地人之三事 虎賁綴衣趣馬小尹。趣馬掌馬之官言此三者雖小官長必愼擇其人 左右攜僕百司庶府。雖左右攜持器物之僕及百官有司主券契藏吏亦皆擇人 大都小伯藝人表臣百司。小臣猶皆愼擇其人況大都邑之小長以道藝爲表幹之臣及百官有司之職可以非其任乎 太史尹伯庶常吉士。太史下大夫掌邦六典之貳尹伯長官大夫及衆掌常事之善士皆得其人 司徒司馬司空亞旅。此有三卿及次卿衆大夫則是文武未伐紂時舉文武之初以爲法則 夷庶言號令也庶獄刑獄也庶慎法禁也謂之庶固非其大者若大號令大刑獄大法禁則非有司所敢專亦非文王所敢誘至其庶常細事則惟有司惟牧夫是從是否文王不以身兼之或於庶言猶有所與盖号令之小教化所関若庶獄庶謹文王則罔敢知于茲矣

文王　用人之本

用人之體

武王　文王用人之法得人之多武王率而行之尔

此章以下勉成王　用人之法

微盧烝三亳阪尹。（蠻夷微盧之衆師及亳人之歸文王者三所爲之立監及阪地之尹長皆用賢）文王惟克厥宅心乃克立茲常事司牧人以克俊有德。（文王惟其能居心遠惡舉善乃能立此常事司牧人用能俊有德者）文王罔攸兼于庶言庶獄庶慎惟有司之牧夫（文王無所兼知於毀譽衆言及衆刑獄衆當所慎之事惟慎擇有司牧夫而已勞于求才逸於任賢）是訓用違庶獄庶慎文王罔敢知于茲。（是萬民順法用違法衆獄衆慎之事文王一無敢自知於此委任賢能而已）亦越武王率惟敉功不敢替厥義德。（亦於武王循惟文王撫安天下之功不敢廢其義德奉遵父道）率惟謀從容德以並受此丕丕基。（武王循惟謀從文王寬容之德故君臣以並受此大大之基業傳之子孫）嗚呼孺子王矣。（歎稚子今以爲王矣不可不勤法祖考之德）繼自今我其立政立事準人牧夫我其克灼知厥若丕乃俾亂。（繼用今已）

用人之體
庶獄庶慎
庶言一話一言是
誤者以身兼之
事煩力寡易於
致誤
總上文用人之法
戒憸人

往我其立政大臣立事小臣及準人牧夫我其能灼然知其順者則大乃使治之言知臣下之勤勞然後莫不盡心力受民和我庶獄庶慎時則勿有間之能治我所受天民和平我衆獄衆慎相我受民和我庶獄庶慎時則勿有間之事如是則勿有以代之言不可復變自一話一言我則末惟成德之彥以乂我受民言政當用一善善在一言而已欲其口無擇言如此我則終惟有成德之美以治我所受之民嗚呼予旦已受人之徽言咸告孺子王矣歎所受賢聖說禹湯之美言皆以告稚子王矣繼自今文子文孫其勿誤于庶獄庶慎惟正是乂之文子文孫文王之子孫從今以往惟以正是之道治衆獄衆慎其勿誤自古商人亦越我周文王立政立事牧夫準人則克宅之克由繹之茲乃俾乂言用古商湯亦於我周文王立政立事用賢人之法能居之於心能用陳之此乃使天下治國則罔有立政用憸人不訓于德是罔顯在厥世商周賢聖之國則無有立政用憸利之人者憸

用吉士

庶獄承上文每三丁寧尤重於獄

守中國推言立政之大

周公因言謹獄有司之事又於王前即蘇公謹獄之事命太史書之以為司獄之法

人不順於德是使其君無顯名在其世繼自今立政其勿以憸人其惟吉士用勱相我國家立政之臣惟以吉士用勉治我國家今文子文孫孺子王矣告文王之子孫言稚子以即政為王矣所以厚戒其勿誤于庶獄惟有司之牧夫言獨衆獄有司欲其重刑慎官人其克詰爾戎兵以陟禹之迹其當能治汝戎服兵器威懷並設以升禹治水之舊迹方行天下至于海表罔有不服方四方海表蠻夷戎狄無有不服化者以覲文王之耿光以揚武王之大烈能使四夷賓服所以見祖之光明揚父之大業嗚呼繼自今後王立政其惟克用常人惟其能用賢才為常人不可以天官有所私周公若曰太史順其事并告太史司寇蘇公式敬爾由獄以長我王國忿生為武王司寇封蘇國能用法敬汝所用之獄以長施行於我王國言主獄常求蘇公之比茲式有慎以列用中罰此法有所慎行必以其列用中罰不

輕不重蘇公所行大史掌六典有廢置官人之制故告之

# 尚書卷第十

敘征弗庭謂東征黜殷伐淮踐奄也歸宗周即多方所謂王來自奄至于宗周也董正治官至是外患既平制作禮樂始定周官之制此篇頒其大綱其詳則周禮續定焉

誥王曰以下述置官立制之綱　制治保邦二句古語所以制治保邦者則在於建官定制得人以為之故下文詳焉

# 尚書卷第十一

## 周官第二十二　周書　孔氏傳

成王既黜殷命滅淮夷，黜殷在周公東征時滅淮夷在成王即政後事相因故連言之還歸在豐作周官。成王雖作洛邑猶還西周周官。言周家設官分職用人之法惟周王撫萬邦巡侯甸。即政撫萬國巡行天下侯服甸服四征弗庭綏厥兆民。四面征討諸侯之不直者所以安其兆民十億曰兆言多六服羣辟罔不承德歸于宗周董正治官。六服諸侯奉承周德言協服還歸於豐督正治理職司之百官王曰若昔大猷制治于未亂保邦于未危。言當順古大道制治安國必于未亂未危之前思患預防之曰唐虞稽古建官惟百內有百揆四岳外有州牧侯伯。道堯舜考古以建百官內置百揆四岳象天之有五行外置州牧十二及五國之長上下相維外內咸治言有法庶政惟和萬國咸寧。

三公

三孤三公之貳然非其屬故曰孤

六卿冢宰無所不統以下各有所司

司徒徒衆也擾愛而勞之使馴習也王者慮人徒之衆逆居無教則流爲不善既敷五典以教之至凡夫家徒役頒事任民保受教糾征役考比皆擾而習之使馴熟也

官職有序故衆政惟和萬國皆安所以爲至治夏商官倍。亦克用乂。禹湯建官二百亦能用治言不及唐虞之清要明王立政不惟其官惟其人。言聖帝明王立政修教不惟多其官惟在得其人今予小子祗勤于德。夙夜不逮。今我小子敬勤於德雖夙夜匪懈不能及古人言自有極仰惟前代時若。訓迪厥官。言仰惟先代之法是順順蹈其所建官而則之不敢自同堯舜之官準擬夏殷而蹈之立太師太傅太保茲惟三公。論道經邦。燮理陰陽。師天子所師法傅傅相天子保保安天子於德義者此惟三公之任佐王論道以經緯國事和理陰陽言有德乃堪之官不必備惟其人。三公之官不必備具惟其人有德乃處之少師少傅少保曰三孤。此三官名曰三孤孤特也言卑於公尊於卿特置此三者貳公弘化。寅亮天地。弼予一人。副貳三公弘大道化敬信天地之教以輔我一人之治冢宰掌邦治。統百官。均四海。天官卿稱大宰主國政治統理百官均平四海之內邦國言任大司徒掌邦教。敷五典。擾兆民地官卿司徒主國教化布五常之教以安和天下衆民使小大協睦宗伯掌邦禮治神人和上下春官卿宗廟官長主國禮治天地神祇人鬼之事及國之吉凶賓軍嘉五禮以和上下尊卑等列司馬掌邦政統六師平邦國夏官卿主戎馬之事掌國征伐統正六軍平治王邦四方國之亂者司寇掌邦禁詰姦慝刑暴亂秋官卿主寇賊法禁治姦惡刑強暴作亂者夏司馬討惡助長物秋司寇刑姦順時殺司空掌邦土居四民時地利冬官卿主國空土以居民士農工商四人使順天時分地利授之土能吐生百穀故曰土六卿分職各率其屬以倡九牧阜成兆民六卿各率其屬官大夫士治其所分之職以倡道九州牧伯爲政大成兆民之性命皆能其官則政治六年五服一朝五服侯甸男采衛六年一朝會京師又六年王乃時巡考制度于四岳周制十二年一巡守春東夏南秋西冬北故曰時巡考正制度禮法于四岳之下如虞帝巡守然諸侯各朝于方岳大明黜陟覲四方諸侯各朝于方岳之下大明考績黜陟之法王曰嗚呼凡我有

宗廟不敢言司尊宗廟且崇礼也上下者尊卑貴賤之等儀和則不僣不逼各安其分有序則和也

司寇刑官也不曰刑而曰禁禁止也書法於木以示之止人之為惡也王者御刑示民以禁於未然至於用刑則不得已也○司空掌空土之官也窜畫空土以待臣之受封者之受祿農之受田工之受肆賈之受廛也凡土之未授者司空主之既授則屬之司徒司馬

周公既定六卿之制至其屬所掌則六卿詳定焉

此王曰以下訓教戒勅之辭

前章言法也此章言法外意也要此意乃有政不行焉

謹政令

官君子欽乃攸司，愼乃出令，令出惟行，弗惟反。（有官君子大夫已上歎而戒之使敬汝所司愼汝出令從政之本令出必惟行之不惟反改若二三其令亂之道）以公滅私，民其允懷。（從政以公平滅私情則民其信歸之）

務學問

學古入官，議事以制，政乃不迷。（言當先學古訓然後入官治政凡制事必以古義議度終始政乃不迷錯）其爾典常作之師，無以利口亂厥官。（其汝爲政當以舊典常故事爲師法無以利口辨佞亂其官）蓄疑敗謀，怠忽荒政，不學牆面，莅事惟煩。（積疑不決必敗其謀怠惰忽略必亂其政人而不學其猶正牆面而立臨政事必煩）

勉事功

戒爾卿士，功崇惟志，業廣惟勤，惟克果斷，乃罔後艱。（此戒凡有官位但言卿士擧其掌事者功高由志業廣由勤惟能果斷行事乃無後難言多疑必致患）

守祿位

位不期驕，祿不期後。（貴不與驕期而驕自至富不與後期而後自來驕後以行已所以速亡）恭儉惟德，無載爾僞。（言當恭儉惟以立德無行姦僞）作德心逸日休，作僞心勞

舉賢才

總

曰拙為德直道而行於心逸豫而名日美為偽飾巧百端於心勞苦而事日拙不可為居寵思危罔不惟畏弗畏入畏言雖居貴寵當思危懼無所不畏若乃不畏則入可畏之刑推賢讓能庶官乃和不和政厖賢能相讓俊乂在官所以和諧厖亂也舉能其官惟爾之能稱匪其人惟爾不任所舉能修其官惟亦汝之功能舉非其人亦惟汝之不勝其任

王曰嗚呼三事暨大夫敬爾有官亂爾有政歎而勑之公卿已下各敬居汝所有之官治汝所有之職以佑乃辟永康兆民萬邦惟無斁言當敬治官政以助汝君長安天下兆民則天下萬國惟乃無厭我周德成王既伐東夷肅慎來賀海東諸夷駒麗扶餘馯貊之屬武王克商皆通道焉成王即政而叛王伐而服之故肅慎氏來賀王俾榮伯作賄肅慎之命榮國名同姓諸侯為卿大夫王使之為命書以幣賄賜肅慎之夷亡周公在豐致政老歸將沒欲葬成周已所營作示終始念之公薨成王葬于畢不敢臣周公故使近文武之墓告

周公作亳姑周公徙奄君於亳姑因告柩以葬畢之義并及奄君已定亳姑言所遷之功成亡

君陳第二十三古文酉敷　周書　孔氏傳

周公既沒命君陳分正東郊成周成王重周公所營故命君陳分居正東郊成周之邑里官司作君陳作書命之君陳臣名也因以名篇王若曰君陳惟爾令德孝恭言其有令德善事父母行已以恭惟孝友于兄弟克施有政言善父母者必友于兄弟能施有政令命汝尹茲東郊敬哉正此東郊監殷頑民教訓之昔周公師保萬民民懷其德往慎乃司茲率厥常言周公師安天下之民民歸其德令往承其業當慎汝所主此循其常法而教訓之懋昭周公之訓惟民其乂勉明周公之教惟民其治我聞曰至治馨香感于神明黍稷非馨明德惟馨所聞上古聖賢之言政治之至者芬芳馨氣動於神明所謂芬芳非黍稷之氣乃明德之馨勵之以德爾尚式

以君陳之賢君東郊

循行周公之政教

明德　至治　呂氏曰此周公精微之訓

師教　德昭訓

保安　率常

周公以德師保万民民方思之君陳但循其治明其訓不待別有作為

勉君陳以明德之事

勉君陳以至治之事

因師虞之說述君陳有善稱君之素行

訓弘周公之訓以訓民不可執周公之去以責民

時周公之猷訓惟曰孜孜無敢逸豫 汝庶幾用是周公之道教衆民惟當日孜孜勤行之無敢自寬暇逸豫 凡人未見聖若不克見既見聖亦不克由聖 此言凡人有初無終未見聖道如不能得見已見聖道亦不能用之所以無成 爾其戒哉爾惟風下民惟草 汝戒勿為凡人之行民從上教而變猶草應風而偃不可不慎 圖厥政莫或不艱有廢有興出入自爾師虞庶言同則繹 謀其政無有不先慮其難有所廢有所起出納之事當用汝衆言度之衆言同則陳而布之禁其專 爾有嘉謀嘉猷則入告爾后于內爾乃順之于外 汝有善謀善道則入告汝君於內汝乃順行之於外 曰斯謀斯猷惟我后之德 此善謀此善道惟我君之德善則稱君人臣之義 嗚呼臣人咸若時惟良顯哉 歎而美之曰臣於人者皆順此道是惟良臣則君顯明於世 王曰君陳爾惟弘周公丕訓無依勢作威無倚

法蓋立法特以禁民而用法又必有寬制從容於法之外者

上文述君陳有善稱君之行此又勉之執法揆理勿徇上意

終上文辟宥之意

因不宥之云又繼之以容忍

不徒在辟宥之用又必有激勸之機已上至治

法以削。汝爲政當闡大周公之大訓無乘勢位作威人上無倚法制以行刻削之政寬而有制，從容以和。寬不失制動不失和德教之治殷民在辟，予曰辟，爾惟勿辟；予曰宥，爾惟勿宥，惟厥中。殷人有罪在刑法者我曰刑之汝勿刑我曰赦宥汝勿宥惟其當以中正平理斷之有弗若于汝政，弗化于汝訓，辟以止辟，乃辟。有不順於汝政不變於汝教刑之而懲止犯刑者乃刑之狃于姦宄，敗常亂俗，三細不宥。習於姦宄凶惡毁敗五常之道以亂風俗之教罪雖小三犯不赦所以絶惡源爾無忿疾于頑，無求備于一夫。人有頑嚚不喻汝當訓之無忿怒疾之使人當器之無責備于一夫必有忍，其乃有濟；有容，德乃大。爲人君長必有所含忍其乃有所成有所包容德乃爲大欲其忍恥藏垢簡厥修，亦簡其或不修。簡别其德行修者亦别其有不修者善以勸能惡以沮否進厥良以率其或不良。進顯其賢良者以率勉其有不良者使爲善惟民生厚，因物有遷。

以明德之教終勉之

言人自然之性敦厚因所見所習之物有遷變之道故必慎所以示之違上所命從厥攸好人之於上不從其令從其所好故人主不可不慎所好爾克敬典在德時乃罔不變允升于大猷汝治人能敬常在道德是乃無不變化其政教則信升于大道惟予一人膺受多福汝能升大道則惟我一人亦當受其多福無凶危其爾之休終有辭於永世非但我受多福而已其汝之美名亦終見稱誦於長世言沒而不朽

顧命第二十四　周書　孔氏傳

成王將崩命召公畢公二公爲二伯中分天下而治之率諸侯相康王作顧命臨終之命曰顧命顧命實命羣臣敘以要言惟四月哉生魄王不懌成王崩年之四月始生魄月十六日王有疾故不悅懌甲子王乃洮頮水相被冕服憑玉几王大發大命臨羣臣必齋戒沐浴今疾病故但洮盥頮面扶相者被以冠冕加朝服憑玉几以出命乃同召

# 顧命

成王崩時年四十有九古人多壽故前哭未及言嗣立之事

太保奭芮伯彤伯畢公衛侯毛公同召六卿下至御治事太保畢毛稱公則三公矣此先後六卿次第冢宰第一召公領之司徒第二芮伯爲之宗伯第三彤伯爲之司馬第四畢公領之司寇第五衛侯爲之司空第六毛公領之召芮彤畢衛毛皆國名入爲天子公卿師氏虎臣百尹御事師氏大夫官虎臣虎賁氏百尹百官之長及諸御治事者王曰嗚呼疾大漸惟幾自歎其疾大進篤惟危殆病日臻既彌留恐不獲誓言嗣茲子審訓命汝病日至言困甚已久留言無瘳恐不得結信出言嗣續我志以此故我詳審教命汝昔君文王武王宣重光奠麗陳教則肄言昔先君文武布其重光累聖之德定天命施陳教則勤勞肄不違用克達殷集大命文武定命陳教雖勞而不違道故能通殷爲周成其大命在後之侗敬迓天威嗣守文武大訓無敢昏逾在文武後之侗稚成王自斥敬迎天之威命言奉順繼守文武大教無敢昏亂逾越言戰慄畏懼今天降疾殆弗興弗悟爾尚明時朕

成王在位四十年天下已太平然先王終而嗣王立乃一時艱難之運前見成王勑冲親罹其禍此顧命所為作也

王崩

治喪大事傳顧命亦大事故出崩之三日即命作冊度癸酉殯之明日也

殯前以送死為重既殯以行顧命為重

言（今天下疾我身甚危殆不起不悟言必死汝當庶幾明是我言勿忽略）用敬保元子釗弘濟于艱難（用奉我言敬安太子釗釗康王名大度於艱難勤德政）柔遠能邇安勸小大庶邦（言當和遠又能和近安小大衆國勸使爲善）思夫人自亂于威儀爾無以釗冒貢于非幾（羣臣皆宜思夫人夫人自治正於威儀有威可畏有儀可象然後足以率人汝無以釗冒進于非危之事）茲既受命還（此羣臣已受顧命各還本位）出綴衣于庭越翼日乙丑王崩（綴衣幄帳羣臣既退徹出幄帳於庭王寢於北牖下東首反初生於其明日王崩）太保命仲桓南宮毛（冢宰攝政故命二臣桓毛名）俾爰齊侯呂伋以二干戈虎賁百人逆子釗于南門之外（臣子皆侍左右將正太子之尊故出於路寢門外使桓毛二臣各執干戈於齊侯呂伋索虎賁百人更新逆門外所以殊之伋爲天子虎賁氏）延入翼室恤宅宗（明室路寢延之使居憂爲天下宗主）丁卯命作冊度（三日命史爲冊書法度傳顧命於康王）

傳顧命

牖間成王平日朝群臣覲諸侯之位西序朝夕聽政之位東序平日養老享群臣之坐西夾燕親屬之坐

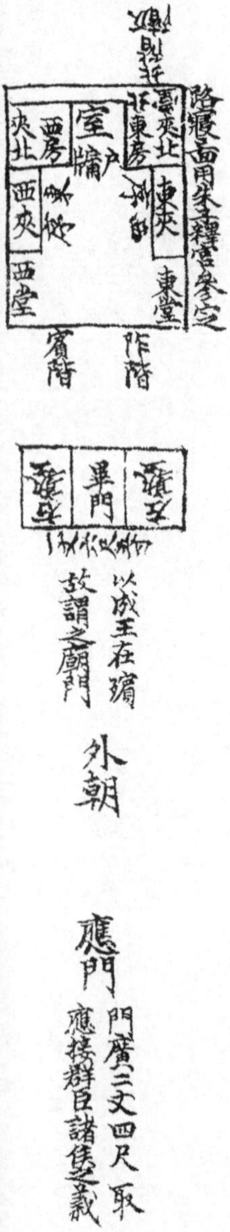


越七日癸酉，伯相命士須材。邦伯爲相則召公於丁卯七日癸酉召公命士致材木須待以供喪用 狄設黼扆綴衣。狄下士扆屏風畫爲斧文置戶牖間復設幄帳象平生所爲 牖間南嚮，敷重篾席，黼純，華玉仍几。篾桃枝竹白黑雜繒緣之華彩色華玉以飾憑几仍因也因生時几不改作此見羣臣覲諸侯之坐 西序東嚮，敷重底席，綴純，文貝仍几。東西廂謂之序底蒻苹綴雜彩有文之貝飾几此旦夕聽事之坐 東序西嚮，敷重豐席，畫純，雕玉仍几。豐莞彩色爲畫雕刻鏤此養國老饗羣臣之坐 西夾南嚮，敷重筍席，玄紛純，漆仍几。西廂夾室之前筍蒻竹玄紛黑綬此親屬私宴之坐故席几質飾 越玉五重，陳寶。於東西序坐北列玉五重又陳先玉所寶之器物 赤刀、大訓、弘璧、琬琰在西序。寶刀赤刀削大訓虞書典、謨大璧琬琰之珪爲二重 大玉、夷玉、天球、河圖在東序。三玉爲三重夷常也球雍州所貢河圖八卦伏羲氏王天下龍馬出河遂則其文以畫八卦謂之河圖及典謨皆歷代傳寶之 胤之舞

東夾不陳設蓋輟之為元子釗恤宅宗之翼室
西夾南向越玉五重蓋新陟王西階上之殯宮

衣大貝鼖鼓在西房。胤國所爲舞者之衣皆中法大貝如車渠鼖鼓長八尺 西房周傳寶之西房西夾坐東
兊之戈和之弓垂之竹矢在東房。兊和古之巧人垂舜共工所爲皆中法故亦傳寶之東房東廂夾室
大輅在賓階面。綴輅在阼階面。大輅玉綴輅金面前皆南向
先輅在左塾之前。次輅在右塾之前。先輅象次輅木金玉象皆以飾車木則無飾皆在路寢門內左右塾前北面凡所陳列皆象成王生時華國之事所以重顧命
二人雀弁執惠立于畢門之內。士衛殯與在廟同故雀韋弁惠三隅矛路寢門一名畢門
四人綦弁執戈上刃夾兩階戺。綦文鹿子皮弁亦士堂廉曰戺士所立處
一人冕執劉立于東堂。一人冕執鉞立于西堂。冕皆大夫也劉鉞屬立於東西廂之前堂
一人冕執戣立于東垂。一人冕執瞿立于西垂。戣瞿皆戟屬立于東西下之階上
一人冕執鋭立于側階。鋭矛屬也側階北下立階上
王麻冕黼裳由賓階

冕古文並作絻
鋭古文作鈗音允

卞說文字林大小篆兗卞字即弁字也

卅甲子顧命別勑康王之語史前後互見尒惟有與命故康王冕服見諸侯行顧命也

受顧命

隮。王及羣臣皆吉服用西階升不敢當主卿士邦君麻冕蟻裳入即位。公卿大夫及諸侯皆同服亦廟中之禮蟻裳名色玄太保太史太宗皆麻冕彤裳。執事各異裳彤纁也太宗上宗即宗伯也太保承介圭上宗奉同瑁由阼階隮。大圭尺二寸天子守之故奉以奠康王所位同爵名瑁所以冒諸侯圭以齊瑞信方四寸邪刻之用阼階升由便不嫌太史秉書由賓階隮御王冊命。太史持冊書顧命進康王故同階曰皇后憑玉几道揚末命命汝嗣訓。冊命之辭大君成王言憑玉几所道稱揚終命所以感動康王命汝繼嗣其道言任重因以託戒臨君周邦率循大卞。用是道臨君周國率羣臣循大法燮和天下。用荅揚文武之光訓。言用和道和天下用對揚聖祖文武之大教敘成王意王再拜興荅曰眇眇予末小子其能而亂四方以敬忌天威。言微微我淺末小子其能如父祖治四方以敬忌天威德乎謙辭託不能乃受同瑁王三宿三祭

咤古文託宅古文咤當盖作咤嘆也覩殁而受顧命固不敢死其覩礼視祭而不哭然嘆咤則不可遏也

行顧命

蘇氏譏之以爲非礼朱子曰天子諸侯之礼与士庶人不同故孟子有吾未之學之語盖謂此類尔易世傳

三咤。王受瑁爲主受同以祭禮成於三故酌者實三爵於王王三進爵三祭酒三奠爵告已受羣臣所傳顧命上宗曰饗。祭必受福讚王曰饗福酒太保受同降。受王所饗同下堂反於篚盥以異同秉璋以酢。太保以盥手洗異同實酒秉璋以酢祭半圭曰璋臣所奉王已祭太保又祭報祭曰酢授宗人同拜王荅拜。宗人小宗伯佐太宗者太宗供王宗人供太保拜曰已傳顧命故授宗人同拜王荅拜尊所受命太保受同祭嚌。太保既拜而祭既祭受福嚌至齒則王亦至齒王言饗太保言嚌互相備宅授宗人同拜王荅拜。太保居其所授宗人同拜白成王以事畢王荅拜敬所白太保降收。太保下堂則王亦可知有司於此盡收徹諸侯出廟門俟。言諸侯則卿士已下亦可知殯之所處故曰廟皆待王後命

康王之誥第二十五　周書　孔氏傳

康王既尸天子。尸主也主天子之正號遂誥諸侯作康王之誥。既受顧命羣臣陳戒遂報誥之因事曰遂康王之誥。求諸侯之見匡弼王出在應門之內。

援國之大事主侯以國爲家重先君之喪猶以爲己私服也

羑古文作羑按說文即誘字也羑若謂天之陰誘助順也舊諸說皆不考

出畢門立應門内之中庭南面太保率西方諸侯入應門左畢公率東方諸侯入應門右。二公爲二伯各率其所掌諸侯隨其方爲位皆北面皆布乘黃朱。諸侯皆陳四黃馬朱鬣以爲庭實賓稱奉圭兼幣曰一二臣衛敢執壤奠。賓諸侯也舉奉圭兼幣之辭言一二見非一也爲蕃衛故曰臣衛來朝而遇國喪遂因見新王敢執壤地所出而奠贄也皆再拜稽首。王義嗣德荅拜。諸侯拜送幣而首至地盡禮也康王以義繼先人明德荅其拜受其幣太保暨芮伯咸進相揖。皆再拜稽首。冢宰與司徒皆共羣臣諸侯並進陳戒不言諸侯以內見外曰敢敬告天子。皇天改大邦殷之命。大天改大國殷之王命謂誅紂也惟周文武。誕受羑若。克恤西土。言文武大受天道而順之能憂我西土之民本其所起惟新陟王畢協賞罰。戡定厥功。用敷遺後人休。惟周家新升王位當盡和天下賞罰能定其功用布遺後人之美言施及子孫無窮今王敬之哉

六師謂天子六軍猶云方乘亦張皇六師即云振天子之職也然武備亦承平易弛之事諸公既言受命甚定之功故於此又特言之張不弛其備皇不輕其事也

誥

底至者發己自盡必欲至其極齊信者隨事所處無不當其實程子云循物無違謂信

諸侯言文武及新陟王而康王惟言文武蓋未忍言成王之事又諸侯皆文王勳舊武王所封此方求助故惟舉文武封建之意以感之

（敬天道務崇先人之美）張皇六師無壞我高祖寡命（言當張大六師之衆無壞我高德之祖寡有之教命）王若曰庶邦侯甸男衛（順其戒而告之不言羣臣以外見內）惟予一人釗報誥（報其誥式）昔君文武丕平富不務咎（言先君文武道大政化平美不務咎惡）底至齊信用昭明于天下（致行至中信之道用顯明於天下言聖德洽）則亦有熊羆之士不二心之臣保乂王家（言文武既聖則亦有勇猛如熊羆之士忠一不二心之臣共安治王家）用端命于上帝皇天用訓厥道付畀四方（君聖臣良用受端直之命於上天大天用順其道付與四方之國王天下）乃命建侯樹屏在我後之人（言文武乃施政令立諸侯樹以爲蕃屏傳王業在我後之人謂子孫）今予一二伯父尚胥暨顧綏爾先公之臣服于先王（天子稱同姓諸侯曰伯父言今我一二伯父庶幾相與顧念文武之道安汝先公之臣服於先王而法循之）雖爾身在外乃心罔不在

王室。言雖汝身在外土爲諸侯汝心常當忠篤無不在王室熊羆之士勵朝臣此督諸侯用奉恤厥若。無遺鞠子羞。當各用心奉憂其所行順道無自荒怠遺我稚子之羞辱稚子康王自謂也羣公既皆聽命。相揖趨出。已聽誥命趨出罷退諸侯歸國朝臣就次王釋冕反喪服。脫去黼冕反服喪服居倚廬

尚書卷第十二

商民自甚染紂之化於是有淫放之習自其鼓武庚之亂商於是有思商之心周公之時化紂之習既深思商之念又起
君陳之時思商之念始釋化紂之習未除是以當周公之時反覆特甚故迂之教之當君陳之時不善尚多猶每燕
容之至畢公之時世變風移老死少長不善者浸少矣然而猶有不善者在正當分別之分別之則善者衆不善
者孤乃所以使之同歸於善也

保釐東郊　安全之　疏理之

推本遷殷之意

# 尚書卷第十二

## 畢命第二十六　周書　孔氏傳

康王命作冊畢（命爲冊書以命畢公）分居里成周郊（分別民之居里異其善惡成定東周郊境使有保護）作畢命。（言畢公見命之書）

惟十有二年六月庚午朏。（康王即位十二年六月三日庚午）越三日壬申。王朝步自宗周至于豐。（於朏三日壬申王朝行自宗周至于豐宗周鎬京豐文王所都）以成周之衆命畢公保釐東郊。（用成周之民衆命畢公使安理治正成周東郊令得所）王若曰。嗚呼。父師。惟文王武王敷大德于天下。用克受殷命。（王順其事歎告畢公代周公爲大師爲東伯命之代君陳言文武布大德於天下故天佑之用能受殷之王命）惟周公左右先王。綏定厥家。（言周公助先王安定其家）毖殷頑民。遷于洛邑。密邇王

一二三二

治道旌別之宜

畢公賢德必能体道之用

鼇

室式化厥訓。慎殷頑民，恐其叛亂，故徙於洛邑，密近王室，用化其教。既歷三紀，世變風移，四方無虞，予一人以寧。言殷民遷周已經三紀，世代民易，頑者漸化，四方無可度之事，我天子用安矣。十二年曰紀，父子曰世。道有升降，政由俗革，不臧厥臧，民罔攸勸。天道有上下交接之義，政教有用俗改更之理，民之俗善以善養之，俗有不善以法御之。若乃不善其善，則民無所勸慕。惟公懋德，克勤小物，弼亮四世，正色率下，罔不祗師言。言公勉行德，能勤小物，輔佐文武成康四世，爲公卿，正色率下，下人無不敬仰師法。嘉績多于先王，予小子垂拱仰成。公之善功多，大先人之美，我小子爲王垂拱仰公成理。言其上顯父兄，下施子孫。曰：嗚呼！父師，今予祗命公以周公之事，往哉。今我敬命公以周公所爲之事，往爲之哉。言非周公所爲不敢枉公往治。旌別淑慝，表厥宅里，彰善癉惡，樹之風聲。言當識別頑民之善惡，表異其居里，明其爲善，病其爲惡，立其善風，揚其善聲。弗率訓典，殊

君陳於周公子弟也畢公於周公伯仲也非君陳之孝恭謹良則不能恪遵循龍以行周公之政

非畢公之重德元老則不能調齊因革以終化成之功前後之時不同由革之政亦異而云叶心同底

于道者蓋此心所処各止於所當往之則也

保

非徒殊别必有教化之道

詳陳其事

利口化之以政令之簡靜

驕奢化之以德義之成法

厥井疆俾克畏慕其不循教道之常則殊其井居田界使能畏爲惡之禍慕爲善之福所以沮勸

申畫郊圻愼固封守以康四海郊圻雖舊所規畫當重分明之又當謹愼堅固封疆之守備以安四海京圻安則四海安矣

政貴有恒辭尚體要不惟好異政以仁義爲常辭以理實爲要故貴尚之若異於先王君子所不好

商俗靡靡利口惟賢餘風未殄公其念哉紂以靡靡利口惟賢覆亡國家今殷民利口餘風未絶公其念絶之

我聞曰世祿之家鮮克由禮以蕩陵德實悖天道特言我聞自古有之世有祿位而無禮教少不以放蕩陵邈有德者如此實亂天道

敝化奢麗萬世同流言敝俗相化車服奢麗雖相去萬世若同一流

茲殷庶士席寵惟舊怙侈滅義服美于人此殷衆士居寵日久怙恃奢侈以滅德義服飾過制美於其民言僭上

驕淫矜侉將由惡終雖收放心閑之惟艱言殷衆士驕恣過制矜其所能以自侉大如此不變將用惡自終雖

人心畿甸之根本

畿甸華夷之根本
上文康四海同

推保釐之效

今順從周制心未壓服以禮閑御其心惟難資富能訓惟以永年惟德惟義時乃大訓不由古訓于何其訓以富資而能順義則惟可以長年命矣惟有德義是乃大順若不用古訓典籍於何其能順乎王曰嗚呼父師邦之安危惟茲殷士不剛不柔厥德允修言邦國所以安危惟在和此殷士而已治之不剛不柔寬猛相濟則其德政信修立惟周公克慎厥始惟君陳克和厥中惟公克成厥終周公遷殷頑民以消亂階能慎其始君陳弘周公之訓能和其中畢公闡二公之烈能成其終三后協心同厎于道道洽政治澤潤生民三君合心為一終始相成同致于道道至普洽政化治理其德澤惠施乃浸潤生民言三君之功不可不尚四夷左衽罔不咸賴予小子永膺多福言東夷西戎南蠻北狄被髮左衽之人無不皆恃賴三君之德我小子亦長受其多福公其惟時成周建無窮之基亦有無窮之聞公其惟以是成周之治為周家立無窮之基業於公

畢公重德固不待戒然古者君臣相與警戒未嘗以盛德廢惟畢公克勤小物之心則或以商民之難化爲憂推畢公多嘉之績則或以商民之寡少而忽故兩戒之休于前政成終也周公君陳道固已盡而商民未盡化是尚有餘憾也成終則無餘憾矣此之謂休于前政

終警戒之辭

穆王初年方新之書

原君牙世德之舊

叙嗣守求助之心

亦有無窮之名聞於後世子孫訓其成式惟乂言後世子孫順公之成法惟以治嗚呼罔曰弗克惟既厥心人之爲政無曰不能惟在盡其心而已罔曰民寡惟慎厥事無曰人少不足治也惟在慎其政事無敢輕之欽若先王成烈以休于前政敬順文武成業以美於前人之政所以勉畢公

君牙第二十七　古文尚書　周書　孔氏傳

穆王命君牙爲周大司徒穆王康王孫昭王子作君牙君牙臣名君牙命以其名遂以名篇王若曰嗚呼君牙順其事而歎美之惟乃祖乃父世篤忠貞服勞王家厥有成績紀于太常言汝父祖世厚忠貞服事勤勞王家其有成功見紀録書於王之太常以表顯之王之旌旗畫日月曰太常惟予小子嗣守文武成康遺緒亦惟先王之臣克左右亂四方惟我小子

命君牙為助以繼其世
德

司徒之職

教

養 司徒掌教而
土地人民之數
下其土宜以相民宅
知其利害以阜人民
凡蕃育養民之利皆
掌之艱者寒飢之
衆也易者衣食之蓄也

文武之道
臣使嗣守文武之道
則可追配祖父之功

繼守先王遺業亦惟父祖之臣能佐助我治四方言已無所能心之憂危若蹈虎尾涉于春冰言祖業之大已才之弱故心懷危懼虎尾畏噬春冰畏陷危懼之甚今命爾予翼作股肱心膂今命汝為我輔翼股肱心體之臣言委任纘乃舊服無忝祖考弘敷五典式和民則繼汝先祖故所服忠勤無辱累祖考之道大布五常之教用和民令有法則爾身克正罔敢弗正民心罔中惟爾之中言汝身能正則下無敢不正民心無中從汝取中必當正身示民以中正夏暑雨小民惟曰怨咨夏月暑雨天之常道小人惟曰怨歎咨嗟言心無中也冬祁寒小民亦惟曰怨咨冬大寒亦天之常道民猶怨嗟厥惟艱哉思其艱以圖其易民乃寧天不可怨民猶怨嗟治民其惟難哉當思慮其難以謀其易民乃安嗚呼丕顯哉文王謨歎文王所謀大顯明丕承哉武王烈言武王業美大可承奉啓佑我後人咸以正罔缺文武之謀業大明可承奉開助我後嗣皆

總

以正道無邪欸爾惟敬明乃訓用奉若于先王汝惟當敬明汝五教用奉順於先王之道對揚文武之光命追配于前人言當荅揚文武光明之命君臣各追配於前令名之人王若曰君牙乃惟由先正舊典時式民之治亂在茲汝惟當奉用先正之臣所行故事舊典文籍是法民之治亂在此而已用之則民治廢之則民亂率乃祖考之攸行昭乃辟之有乂言當循汝父祖之所行明汝君之有治功

冏命第二十八　周書　孔氏傳

穆王命伯冏爲周太僕正伯冏臣名也太僕長太御中大夫作冏命

冏命以冏見命名篇王若曰伯冏惟予弗克于德嗣先人宅丕后順其事以命伯冏言我不能於道德繼先人居大君之位人輕任重怵惕惟厲中夜以興思免厥愆言常悚懼惟危夜半以起思所以免其過悔昔在文武聰明齊聖小

推原文武之聖亦有臣僕之助

求助寡過以紹文武

命伯冏為太御

脩王德

擇僕臣

大之臣咸懷忠良（聰明視聽遠齊通無滯礙臣雖官有尊卑無不忠良）其侍御僕從罔匪正人（雖給侍進御僕役從官官雖微無不用中正之人）以旦夕承弼厥辟出入起居罔有不欽（小臣皆良僕役皆正以旦夕承輔其君故君出入起居無有不敬）發號施令罔有不臧下民祗若萬邦咸休（言文武發號施令無有不善下民敬順其命萬國皆美其化）惟予一人無良實賴左右前後有位之士匡其不及（惟我一人無善實恃左右前後有職位之士匡正其不及言此責羣臣正已）繩愆糾謬格其非心俾克紹先烈（言侍左右之臣彈正過誤檢其非妄之心使能繼先王之功業）今予命汝作大正正于羣僕侍御之臣（欲其教正羣僕無敢佞僞）懋乃后德交修不逮（言侍御之臣無小大親疎皆當勉汝君為德更代修進其所不及）慎簡乃僚無以巧言令色便辟側媚其惟吉士（當謹慎簡選汝僚屬侍臣無得

冏命蓋穆王悔過之書也穆王立於昭王不返之後初年憂危資助勳舊中間境順心易史傳称其得造父八駿之御欲肆其心周行天下外有徐方之警而亟反內有祈招之詩而克終今讀其書曰無良曰繩愆糾謬曰格其非心皆欲改其過之言也特命太御申戒朋切若巧佞若側媚若迪上非典玩其辭氣殆出於懲創之深弟未知其自治之勇如何耳

僕臣之正佞乃主德之成虧

防僕臣以謟巧蕩上心

戒僕臣以賄賂進僕臣

總

呂刑穆王晚年之書也自昭王南征不復周綱陵

周巧言無實令色無質便辟足恭側媚諂諛之人其惟皆吉良正士僕臣正厥后克正僕臣諛厥后自聖。言僕臣皆正則其君乃能正僕臣諂諛則其君乃自謂聖后德惟臣不德惟臣。君之有德惟臣成之君之無德惟臣誤之言君所行善惡專在左右爾無昵于憸人充耳目之官迪上以非先王之典。汝無親近於憸利小子之人充備侍從在視聽之官道君上以非先王之法非人其吉惟貨其吉。若非人其實吉良惟以貨財配其吉良以求入於僕侍之臣汝當清審若時瘝厥官。若用是行貨之人則病其官職惟爾大弗克祗厥辟惟予汝辜。用行貨之人則惟汝大不能敬其君惟我則亦以此罪汝言不忠也

王曰嗚呼欽哉永弼乃后于彝憲。歎而勑之使敬用所言當長輔汝君於常法此穆王庶幾欲蹈行常法

## 呂刑第二十九　周書　孔氏傳

經傳引此篇多作甫

義穆王在位日久中更荒廢雖能自克然風俗日下情僞日滋晚年命呂侯爲大司寇重修刑法史謂甫侯言於王而修之也故曰呂刑作爲誥命頒之天下焉大抵增墨劓之條以盡天下之惡減宮刑大辟之條以寬死之衆刑繁而輕蓋衰世之意也然穆王老於世故備知獄事曲折之詳其哀矜惻怛之心謹審慈祥之念尚可法也

呂命呂侯見命爲天子司寇穆王訓夏贖刑呂侯以穆王命作書訓夏禹贖刑之法更從輕以布告天下作呂刑後爲甫侯故或稱甫刑惟呂命。王享國百年耄荒。言呂侯見命爲卿時穆王以享國百年耄亂荒忽穆王即位過四十矣言百年大期雖老而能用賢以揚名度作刑以詰四方。度時世所宜訓作贖刑以治天下四方之民王曰。若古有訓。蚩尤惟始作亂。延及于平民。順古有遺訓言蚩尤造始作亂惡化遞延及於平善之人九黎之君號曰蚩尤罔不寇賊鴟義姦宄奪攘矯虔。平民化之無不相寇賊爲鴟梟之義以相奪攘矯稱上命若固有之亂之甚苗民弗用靈制以刑。惟作五虐之刑曰法。三苗之君習蚩尤之惡不用善化民而制以重刑惟爲五虐之刑自謂得法蚩尤黃帝所滅三苗帝堯所誅言異世而同惡殺戮無辜。爰始淫爲劓刵椓黥。三苗之主頑凶若民敢行虐刑以殺戮無罪於是始大爲截人耳鼻椓陰黥面以加無辜故曰五虐越茲麗刑并制罔差有辭。苗民於世

一名甫穆
也繇之爲繇

黥古文剠

矯正也虔劉也謂奸惡寇攘者須制刑以矯正虔劉之二字自一句上下似有缺文

原制刑之始 黄帝因蚩尤之乱而制刑 帝尧因苗民之乱而制刑

自蚩尤為乱而後民有鴟義姦宄寇攘之習聖人始制刑以禁五虐劉之及苗民以刑為虐罔差有辭而民無所訴於是又有詛祝詛瀆禱禳之習

聖人絕有苗之虐民

禁民俗之瀆神 當時有苗貪暴之習与其民妖誕之風浸已亂華民多惑之

聖人以德為刑使知所

施刑并制無罪無差有直辭者言淫濫 民興胥漸泯泯棼棼罔中于信以覆詛盟 三苗之民瀆於亂政起相漸化泯泯為亂棼棼同惡皆無中于信義以反背詛盟之約 虐威庶戮方告無辜于上上帝監民罔有馨香德刑發聞惟腥 三苗虐政作威衆被戮者方方各告無罪於天天視苗民無有馨香之行其所以為德刑發聞惟乃腥臭 皇帝哀矜庶戮之不辜報虐以威遏絕苗民無世在下 皇帝帝堯也哀矜衆被戮者之不辜乃報為虐者以威誅遏絕苗民使無世位在下國也 乃命重黎絕地天通罔有降格 重即羲黎即和堯命羲和世掌天地四時之官使人神不擾各得其序是謂絕地天通言天神無有降地地祇不至於天明不相干 群后之逮在下明明棐常鰥寡無蓋 群后諸侯之逮在下國皆以明明大道輔行常法故使鰥寡得所無有掩蓋 皇帝清問下民鰥寡有辭于苗 帝堯詳問民患皆有辭怨於苗民 德威惟畏德明惟明

畏以德明民使無不
明命三后士皆德明
德威之事

德明惟明
德威惟畏

言堯監苗民之見怨則又增修其德行威則民畏服明賢則德明人所以無能名焉乃命三后恤功于
民伯夷降典折民惟刑禹平水土主名山川稷降播
種農殖嘉穀伯夷下典禮教民而斷以法禹治洪水山川無名者主名之后稷下教民播種農畝生善
穀所謂堯命三君憂功於民三后成功惟殷于民各成其功惟所以殷盛於民言禮教備衣
食足士制百姓于刑之中以教祗德言伯夷道民典禮斷之以法皋陶作士制
百官於刑之中助成道化以教民爲敬德穆穆在上明明在下灼于四方罔不
惟德之勤堯躬行敬敬在上三后之徒秉明德明君道於下灼然彰著四方故天下之士無不惟德之勤故
乃明于刑之中率乂于民棐彝天下皆勤立德故乃能明於用刑之中正循道
以治於民輔成常教典獄非訖于威惟訖于富言堯時主獄有威有德有恕非絕於威惟
絕於富世治貨賂不行敬忌罔有擇言在身堯時典獄皆能敬其職忌其過故無有可擇之

此章總上章之意以勉典獄之官二今尔何引下文所當監者唐虞典刑刑之道所當懲者苗民濫刑之禍言伯夷而不言士古者憲章無二出禮則入刑

此下訓刑　告諸侯

言在其身惟克天德自作元命配享在下凡明於刑之中無擇言在身必是惟能天德自爲大命配享天意在於天下王曰嗟四方司政典獄非爾惟作天牧王政典獄謂諸侯也非汝惟爲天牧民乎言任重是汝今爾何監非時伯夷播刑之迪當視是伯夷布刑之道而法之其今爾何懲惟時苗民匪察于獄之麗其今汝何懲戒乎所懲戒惟是苗民非察於獄之施刑以取滅亡罔擇吉人觀于五刑之中惟時庶威奪貨言苗民無肯選擇善人使觀視五刑之中正惟是衆爲威虐者任之以奪取人貨所以爲亂斷制五刑以亂無辜上帝不蠲降咎于苗苗民任奪貨姦人斷制五刑以亂加無罪天不絜其所爲故下咎罪謂誅之苗民無辭于罰乃絶厥世言罪重無以辭於天罰故堯絶其世申言之爲至戒王曰嗚呼念之哉念以伯夷爲法苗民爲戒伯父伯兄仲叔季弟幼子童孫皆聽朕言庶

心旨勉之以体天勤致莫
大於刑

有格命。皆王同姓有父兄弟子孫列者伯仲叔季順少長也
舉同姓包異姓言不殊也聽從我言庶幾有至命
今爾罔不由慰日勤爾罔或戒不勤。今汝無不用安自
居日當勤之汝無
有徒念戒
而不勤
天齊于民俾我一日非終惟終在人。天整齊於
下民使我
爲之一日所行非爲天所
終惟爲天所終在人所行
爾尚敬逆天命以奉我一人雖
畏勿畏雖休勿休。汝當庶幾敬逆天命以奉我一人之戒行
事雖見畏勿自謂可敬畏雖見美勿自謂
有德
美
惟敬五刑以成三德一人有慶兆民賴之其寧
惟永。先戒以勞謙之德次教以惟敬五刑所以成剛柔正直
之三德也天子有善則兆民賴之其乃安寧長久之道
王
曰吁來有邦有土告爾祥刑。吁嘆也有國土諸侯
告汝以善用刑之道
在今
爾安百姓何擇非人何敬非刑何度非及。在今爾安百
姓兆民之道
當何所擇非惟吉人乎當何所敬非惟五
刑乎當何所度非惟及世輕重所宜乎
兩造具備師聽五

及連及也當及而及所以諧
獄不當及而及則延及無
辜矣

二渠字疵也威畏古文並作畏折挽而叉之也主如東蒙主之主凡名山川各使邦國主其祀俾民不瀆○惟訖之惟
与也謂唐虞之典獄者非但絶于威勢之請托与絶于貨賄之賂遺而已真能以敬自將以理自畏身無擇言
上体天德所以享祀元窮蓋民之司命死則祀于理官子孫享國宗祀不絶
獄事情辭之煩無可畏而勿以為畏得情聽斷之暇無可休而勿以為休惟勤而已

五刑所以成剛德疑赦所以成柔德中正所以成正直之德

法

衆聽獄辭所當

五刑

五罰

五過防其失出之私

五刑之疑赦　五罰

五罰之疑赦　五過

五罰之等即五刑之疑赦

閱實其罪則五罰之疑赦

辭。兩謂囚證造至也兩至具備則衆獄官共聽其入五刑之辭五辭簡孚正于五刑。五辭簡核信有罪驗則正之於五刑五刑不簡正于五罰。不簡核謂不應五刑當正五罰出金贖罪五罰不服正于五過。不服不應罰也正於五過從赦免五過之疵惟官惟反惟內惟貨惟來。五過之所病或嘗同官位或詐反囚辭或內親用事或行貨枉法或舊相往來皆病所在其罪惟均其審克之。以病所在出入人罪使在五過罪與犯法者同其當清察能使之不行五刑之疑有赦。五罰之疑有赦。其審克之。刑疑赦從罰罰疑赦從免其當清察能得其理簡孚有衆。惟貌有稽。簡核誠信有合衆心惟察其貌有所考合重刑之至無簡不聽。具嚴天威。無簡核誠信不聽理其獄皆當嚴敬天威無輕用刑墨辟疑赦。其罰百鍰。閱實其罪。刻其顙而涅之曰墨刑疑則赦從罰六兩曰鍰鍰黃鐵也閱實其罪使與罰名相當劓辟疑赦。其罰惟倍。閱實其罪。截鼻曰劓

周禮五辟各五百而此墨劓之屬各千大辟減旧三百宮辟減二百於則穆王非惟制贖刑之法又制輕刑之法矣

五刑之宜

五罰之權

刑倍百爲二百鍰

剕辟疑赦，其罰倍差，閱實其罪。剕足曰剕倍差謂倍之又半爲五百鍰

宮辟疑赦，其罰六百鍰，閱實其罪。宮淫刑也男子割勢婦人幽閉次死之刑序五刑先輕轉至重者事之宜

大辟疑赦，其罰千鍰，閱實其罪。死刑也五刑疑各入罰不降相因古之制也

墨罰之屬千，劓罰之屬千，剕罰之屬五百，宮罰之屬三百，大辟之罰其屬二百。五刑之屬三千。別言罰屬合言刑屬明刑罰同屬互見其義以相備

上下比罪，無僭亂辭，勿用不行。上下比方其罪無聽僭亂之辭以自疑勿用折獄不可行

惟察惟法，其審克之。惟當清察罪人之辭附以法理其當詳審能之

上刑適輕，下服。重刑有可以虧減則之輕服下罪

下刑適重，上服。輕重諸罰有權。一人有二罪則之重而輕并數輕重諸刑罰各有權宜

刑罰世輕世重，惟齊非齊，有倫有要。言刑罰隨世輕重也刑新國用輕典

察辭于差 此古今聽獄之要訣也從猶律言承也凡詞之非實者必有差故察詞者必於其差而察之察之則囚之不承者承矣然既得其情則當以哀矜之意敬謹之心折之

中言折獄之方所以審刑罰之當 專告獄官

獄成而得其實然後輸其實於上備述其情辭有兩造各有所犯則併兩刑上之不可以勝負而有所偏也

此章專告獄官 勉其以德明刑

明罪詞

刑亂國用重典刑平國用中典凡刑所以齊非齊各有倫理有要善罰懲非死人極于病刑罰所以懲過非殺人欲使惡人極於病苦莫敢犯者非佞折獄惟良折獄罔非在中。非口才可以斷獄惟平良司以斷獄無不在中正察辭于差。非從惟從。察囚辭其難在於差錯非從其僞辭惟從其本情哀敬折獄。明啓刑書胥占。咸庶中正。當爵下人之犯法敬斷獄之害人明開刑書相與占之使刑當其罪皆庶幾必得中正之道其刑其罰。其審克之。其所刑其所罰其當詳審能之無失中正獄成而孚。輸而孚。斷獄成辭而信當輸汝信於王謂上其鞫劾文辭其刑上備。有并兩刑。其斷刑文書上王府皆當備具有并兩刑亦具上之王曰。嗚呼。敬之哉。官伯族姓。朕言多懼。敬之哉告使敬刑官長諸侯同族姓異姓也我言多可戒懼以儆之朕敬于刑。有德惟刑。我儆於刑當使有德者惟典刑今天相民。作配在下。明清于單辭。今天治民人君

中兩詞

戒其鬻獄致禍

總篇內之意終勉之

爲配天在下當承天意聽訟當清審單辭單辭特難聽故言之民之亂罔不中聽獄之兩辭民之所以治由典獄之無不以中正聽獄之兩辭兩辭棄虛從實刑獄清則民治無或私家于獄之兩辭典獄無敢有受貨聽詐成私家於獄之兩辭獄貨非寶惟府辜功報以庶尤受獄貨非家寶也惟聚罪之事其報則以衆人見罪永畏惟罰非天不中惟人在命當長畏懼惟爲天所罰非天道不中惟人在教命使不中不中則天罰之天罰不極庶民罔有令政在于天下天道罰不中令衆民無有善政在於天下由人主不中將亦罰之

王曰嗚呼嗣孫今往何監非德于民之中尚明聽之哉嗣孫諸侯嗣世子孫非一世自今已往當何監視非當立德於民爲之中正乎庶幾明聽我言而行之哉哲人惟刑無疆之辭屬于五極咸中有慶言智人惟用刑乃有無窮之善辭名聞於後世以其折獄屬五常之中正皆中有善所以然也受王嘉師監于茲祥刑有邦

有土受王之善衆而治之者覩於此善刑欲其勸而法之爲無疆之辭

# 尚書卷第十二

東遷之書呂氏之說得之文侯名仇師服以爲替與云文和必設名或字也父猶尚父

文武之德

先正之助

犬戎之難

# 尚書卷第十三

## 文侯之命第三十　周書　孔氏傳

平王錫晉文侯秬鬯圭瓚 以圭爲杓柄謂之圭瓚 作文侯之命 所以名篇幽王爲犬戎所殺平王立而東遷洛邑晉文侯迎送安定之故錫命焉

文侯之命 平王命爲侯伯

王若曰父義和 順其功而命之文侯同姓故稱曰父義和字也稱父者非一人故以字別之 丕顯文武克慎明德 大明乎文王武王之道能詳慎顯用有德 昭升于上敷聞在下惟時上帝集厥命于文王 更述文王所以王也言文王聖德明升于天而布聞在下民惟以是故上天集成其王命德流子孫 亦惟先正克左右昭事厥辟 言君既聖明亦惟先正官賢臣能左右明事其君所以然 越小大謀猷罔不率從肆先祖懷在位 文王君聖臣良於小大所謀道德天下無不循從其化故我後世先祖歸在王位 嗚呼閔予小子

造古文作𨪊注作遭

朝無壽俊之臣

已無克乱之略

求助

文侯之功當時衞鄭秦皆以兵来救此云用會則是文侯倡義糾合之也此所以特有嘉錫之命

歸晉無復王室之事

嗣造天丕愆。歎而自痛傷也言我小子而遭天大罪過父死國敗祖業隤隕殄資澤于下民侵戎我國家純。言周邦喪亂絕其資用惠澤於下民侵兵傷我國及卿大夫之家禍甚大即我御事罔或耆壽俊在厥服予則罔克。所以遇禍即我治事之臣無有耆宿壽考俊德在其服位我則材劣無能之致曰惟祖惟父其伊恤朕躬。嗚呼有績予一人永綏在位。王曰同姓諸侯在我惟祖惟父列者其惟當憂念我身嗚呼能有成功則我一人長安在王位言恃諸侯父義和汝克昭乃顯祖。重稱字親之不名尊之言汝能明汝顯祖唐叔之道獎之汝肇刑文武用會紹乃辟追孝于前文人。言汝今始法文武之道矣當用是道合會繼汝君以善使追孝於前文德之人汝君平王自謂也繼先祖之志爲孝汝多修扞我于艱若汝予嘉。戰功曰多言汝之功多甚脩矣乃扞我於艱難謂救周誅犬戎汝功我所善之王曰。父義和其歸視爾師寧爾邦。遣令還晉國其[illegible]汝[illegible]安汝

初幽王娶申后生太子宜臼及伐褒得褒姒嬖生伯服黜申后於申廢宜臼幽王無道天下叛之申与鄫召犬戎寇周弑幽王晉文侯會鄭衞秦兵入救迎宜臼立之是為平王東遷洛邑命秦為諸侯使自取岐豐之地晉衞武公為公以鄭武公申姻使秉周政作此篇錫命晉侯之歸無復報讎興復之規矣辭命典章雖猶存然志卑氣弱其所以為東周乎自是書亡春秋作矣

**賚錫**已行報功之典

**治晉**無復雖興復之望

**諸侯之書**凡二篇

國內上下用賚爾秬鬯一卣。黑黍曰秬釀以鬯草不言圭瓚可知卣中罇也當以錫命告其始祖故賜鬯彤弓一彤矢百盧弓一盧矢百。彤赤盧黑也諸侯有大功賜弓矢然後專征伐彤弓以講德習射藏示子孫馬四匹。馬供武用四匹曰乘侯伯之賜無常以功大小爲度父往哉。柔遠能邇惠康小民無荒寧。父往歸國哉懷柔遠人必以文德能柔遠者必能柔近然後國安安小人之道必以恤無荒廢人事而自安簡恤爾都用成爾顯德。當簡核汝所任憂治汝都鄙之人人和政治則汝顯用有德之功成矣不言鄙由近以及遠

## 費誓第三十一　周書　孔氏傳

魯侯伯禽宅曲阜始封之國居曲阜徐夷並興東郊不開徐戎淮夷並起爲寇於魯故東郊不開作費誓魯侯征之於費地而誓衆也諸侯之事而連帝王孔子序書以魯有治戎征討之備秦有悔過自誓之戒足爲世法故錄以備王事猶詩錄商魯之頌費誓。費魯東郊之地名公曰嗟人

無譁聽命。伯禽為方伯監七百里內之諸侯帥之以征歎而勑之使無讙譁欲其靜聽誓命徂茲淮夷徐戎並興。今往征此淮浦之夷徐州之戎並起為寇此戎夷帝王所羈縻統叙故錯居九州之內秦始皇逐出之善敹乃甲冑。敿乃干。無敢不弔。言當善簡汝甲鎧冑兜鍪施汝楯紛無敢不令至攻堅使可用備乃弓矢。鍛乃戈矛。礪乃鋒刃。無敢不善。備汝弓矢弓調矢利鍛錬戈矛磨礪鋒刃皆使無敢不善今惟淫舍牿牛馬。今軍人惟大放舍牿牢之牛馬言軍所在必放牧也杜乃擭。敜乃穽。無敢傷牿。牿之傷汝則有常刑。擭捕獸機檻當杜塞之穽穿地陷獸當以土窒斂之無敢令傷所放牿牢之牛馬牛馬之傷汝則有殘人畜之常刑馬牛其風臣妾逋逃。勿敢越逐。馬牛其有風佚臣妾逋亡勿敢棄越壘伍而求逐之役人賤者男曰臣女曰妾祇復之。我商賚汝。衆人其有得佚馬牛逃臣妾皆敬還復之我則商度汝功賜與汝乃越逐不復。汝則有常刑。越逐為失伍不還為攘盜汝則

甲冑干　自衛之具　善戰先自衛

弓矢　禦遠之兵

戈矛　接戰之兵

鋒刃　擊刺之兵

車馬

放牧

叢部伍

臣妾　軍中奴婢爨薪炊者

戎車甲士三徒七十二外有餘子二十五人即臣妾也

費誓　蓋武庚之亂所謂淮夷叛是也徂茲淮夷而徐戎並起伯禽應之規模次第整齊嚴肅非惟全魯其於王師實有犄角之功焉

二五六

禁剽掠

征徐戎翦淮夷之翼

糗糧

築費城遏淮夷之衝

楨榦

征築同日

芻茭

史記穆公之誓在封郩尸之後秦記不燒當得其实序文誤尔

有此常刑無敢寇攘踰垣牆軍人無敢暴刧人踰越人垣牆物有自來者無敢取之竊馬牛誘臣妾汝則有常刑軍人盜竊馬牛誘偷奴婢汝則有犯軍令之常刑甲戌我惟征徐戎誓後甲戌之日我惟征之峙乃糗糧無敢不逮汝則有大刑皆當儲峙汝糗糒之糧使足食無敢不相逮及汝則有乏軍興之死刑魯人三郊三遂峙乃楨榦甲戌我惟築總諸國之兵而但稱魯人峙具楨榦道近也題曰楨旁曰榦言三郊三遂明東郊距守不峙甲戌日當築攻敵壘距堙之屬無敢不供汝則有無餘刑非殺峙具楨榦無敢不供不供汝則有無餘之刑刑者非一也然亦非殺汝魯人三郊三遂峙乃芻茭無敢不多汝則有大刑郊遂多積芻茭供軍牛馬不多汝則亦有乏軍興之大刑

秦誓第三十二　周書　孔氏傳

秦穆公伐鄭遣三帥帥師往伐之晉襄公帥師敗諸崤崤晉要塞也以

穆公引古人之言意主受責盤其病源如盤樂孫急傲之盤人惟多盤孫以樂放悍檢喜邪忌逌不能受責我心之憂二句接多盤之戒

過古謀人而忌之此受責之難今謀人之親此多盤之故受責之反

悔一轉以從古之謀人古今謀人猶云前輩後輩

○良士古謀人之類

其不假道伐而敗之因其三帥還歸作秦誓晉舍三帥還歸秦穆公悔過作誓

秦誓貪鄭取敗悔而自誓

公曰：嗟！我士，聽無譁。誓其羣臣通稱士也予誓告汝羣言之首。衆言之本要

古人有言曰：民訖自若是多盤。言民之行已盡用順道是多樂稱古人言悔前不順忠臣

責人斯無難，惟受責俾如流，是惟艱哉！人之有非以義責之此無難也若己有非惟受人責即改之如水流下是惟難哉

我心之憂，日月逾邁，若弗云來。言我心之憂欲改過自新如日月並行過如不復云來雖欲改悔恐死及之無所益

惟古之謀人，則曰未就予忌。惟爲我執古義之謀人謂忠賢蹇叔等也則曰未成我所欲反忌之耳

惟今之謀人，姑將以爲親。惟指今事爲我所謀之人我且將以爲親而用之悔前違古從今以取破敗

雖則云然，尚猷詢茲黃髮，則罔所愆。言前雖則有云然之過今代庶幾以道謀此黃髮賢老則行事無所過矣

番番良士，旅力既愆

二五八

古之謀人　黃髮　良士　一介能容之人　利　榮懷
今之謀人　勇夫　善諞　不能容之人　殆　杌棍

勇夫今謀人之類
今謀人之中又有巧佞勝
直之人尤易移人尤所當
戒

承上文古謀人良士而思好
賢樂善之人蓋無有受
責如流之美此賢相之量
也君子之所以聚國家之
福積公概想形容殊有
意味

反上文而言蔽賢忌才之
人不但責人無難而已善
類之所以散國家之禍

我尚有之。勇武番番之良士雖衆力已過老我今庶幾欲有此人而用之仡仡勇夫射御不違我尚不欲。仡仡壯勇之夫雖射御不違我庶幾不欲用自悔之至惟截截善諞言俾君子易辭我皇多有之昧昧我思之。惟察察便巧善爲辯佞之言使君子廻心易辭我前多有之以我昧昧思之不明故也如有一介臣斷斷猗無他技其心休休焉其如有容。如有束脩一介臣斷斷猗然專一之臣雖無他技藝其心休休焉樂善其如是則能有所容言將任之人之有技若已有之人之彥聖其心好之不啻如自其口出是能容之。人之有技若已有之樂善之至也人之美聖其心好之不啻如自其口出心好之至也是人必能容之以保我子孫黎民亦職有利哉。用此好技聖之人安我子孫衆人亦主有利哉言能興國人之有技冒疾以惡之人之彥聖而違之俾不達。見人之有技藝蔽冒疾害以惡之人之美聖而

總善惡安危以終之而
思得善人

違背壅塞之
使不得上通
是不能容以不能保我子孫黎民亦曰殆
哉
冒疾之人是不能容人用之不
能安我子孫衆人亦曰危殆哉
邦之杌隉曰由一人
杌
隉
不安 言危也一人所任用國
之傾危曰由所任不用賢
邦之榮懷亦尚一人之慶
國
之
光榮爲民所歸亦庶幾其所任用賢之善也穆
公陳戒背賢則危用賢則榮自誓改前過之意

# 尚書卷第十三

此篇秦穆公晚年悔過之書也秦晉交兵之故本末具見左氏傳而不言作誓之
事書序誤云殽敗還歸之作惟史記載誓詞於取王官及郊封殽尸之後穆公
自是師不復東矣此篇老成德艾之言極為真切穆公平日貪利切於五伯為
末而晚年之悔若此盖駸駸乎王者之意象焉但所欠剛明之力而尚有悠
緩之意而望於人者大而所以自為者或尚小此所以為穆公歟